Lenk/Pilz

Das Prinzip Fairneß

Hans Lenk / Gunter A. Pilz

Das Prinzip Fairneß

EDITION INTERFROM

CIP-Titelaufnahme der Deutschen Bibliothek

Lenk Hans:
Das Prinzip Fairneß / Hans Lenk; Gunter A. Pilz. —
Zürich: Edition Interfrom; Osnabrück: Fromm, 1989.
(Texte + [und] Thesen; Bd. 222)
ISBN 3-7201-5222-7

Alle Rechte vorbehalten
© EDITION INTERFROM, Zürich 1989
Vertrieb für die Bundesrepublik Deutschland:
VERLAG A. FROMM, Osnabrück
Gestaltung: Zembsch' Werkstatt, München
Gesamtherstellung: Druck- und Verlagshaus Fromm, Osnabrück

„Wahre Kultur erfordert immer und
in jeder Hinsicht *Fair play*"

(Johan Huizinga)

Inhalt

Konflikte um Fair play

Zwei Welten?

„Es ist ein alter und immer neuer Geist und eine alte und immer neue Forderung: der Geist des Fair play." Der Sport und seine Regelungen „sollten von einem Geist getragen sein, in dem Wert und Würde des Sportes beschlossen sind und bleiben: dem Geiste des ‚Fair play'. Es trifft den unzerstörbaren Sinn der Jugend aller Völker für menschlichen Anstand. Er verlangt nicht nur die formelle Beachtung von Regeln; nie werden geschriebene Regeln die menschliche Haltung des Fair play ersetzen können. Der Sportler, der das Fair play beachtet, handelt nicht nach den Buchstaben, er handelt nach dem Geist der Regeln. Und das Fair play gehört hier auch zum wahren, zum wirklich schönen Sieg. Erst wenn er sich völlig sicher ist, daß kein einziges Element seines sportlichen Wettkampfes irgendeinen seiner Gegner beeinträchtigt hat, daß er also voll und ganz seinen Sieg seiner Leistung zu verdanken hat, nur dann kann sich der Sportler seines Sieges wirklich von Herzen erfreuen. Diese Freude im Gesicht des Siegers, die aus der ungeheuren Anspannung plötzlich hervorleuchtet, ist sie es nicht, die auch uns, die Zuschauer, besonders berührt und beglückt? Wie wären auch wir betrogen, wenn dieser Ausdruck der Freude nur der Triumph einer gelungenen, unbemerkten Manipulation wäre! Im Fair play wahrt der Sportler seine eigene Würde, indem er die Würde seines Gegners oder Mitbewerbers achtet. Er hält seinen Sieg rein von Unerlaubtem. Die Achtung und Bewunderung seiner Mitbewerber ist ihm sicher, denn er ist ja der Beste. Nur auf der Grundlage des

Fair play können die Olympischen Spiele eine wirkliche Begegnung der besten Sportler der Welt bleiben. Und nur wenn das geschieht, werden die Olympischen Spiele dank ihrer geistigen und sittlichen Grundlagen ihre Strahlkraft bei den Völkern behalten."

Diese Sätze richtete Bundespräsident Richard von Weizsäcker in seiner Münchener Rede an die Mitglieder des Nationalen Olympischen Komitees und an alle Sportler. Er forderte die Verbände und die Olympischen Komitees auf, „eine klare und verbindliche Sportethik" zu entwickeln: „Die Gefahren des Doping und anderer Manipulationsformen ebenso wie das Problem der Gewalt im Sport werden sich nur durch eine klare und verbindliche Sportethik lösen lassen. Die Entwicklung einer solchen verbindlichen Sportethik halte ich heute für das zentrale Gebot einer humanen und verantwortlichen Sportpolitik."

Holger Dahl, ein talentierter Frankfurter Jugendnationalspieler im Fußball, sprach offene Worte in einem Interview:

„Ich möchte gern Profi werden, und um dieses Ziel zu erreichen, muß man einen relativ harten Weg gehen. Und das Ziel auf dem Weg ist eigentlich nur der Erfolg. ‚Fairneß‘ ist für mich ein überholter Begriff, den‘s nicht mehr gibt. Das Ideal besteht eigentlich gar nicht mehr, wenn man erfolgreich sein will. Dann, wenn ich den Erfolg haben will, dann kann ich eigentlich nicht mehr fair spielen in dem alten Sinne. Und deshalb bring‘ ich also praktisch so ’ne neue Definition von ‚Fairneß‘: Und zwar, um fair zu spielen, da ist für mich das einzige, daß ich den Gegner nicht mutwillig verletzen will; und das ist praktisch also ’ne neue Definierung von dem Begriff

‚Fairneß'. Und über diese Fairneß ist eigentlich auch in der Gesellschaft Übereinstimmung (hinzugefügt v. Vf.), jetzt, wo es eigentlich nur um Geld geht und den Erfolg, nicht nur im Sport, sondern auch in der Gesellschaft. Das ist der einzige Weg, nach oben zu kommen, weil die Leute, die oben stehen, die waren irgendwie immer unfair und die haben sich nie an die Regeln gehalten, und (deshalb) eben muß man den Begriff neu definieren. Und das ist eben das Wichtigste, daß man den Gegner nicht verletzt im Sport: Die Regeln kann man so überschreiten, erstens natürlich, daß der Schiedsrichter es nicht sieht, und zweitens, daß ich eben den Gegner nicht mutwillig verletze, weil Verletzungen, die kommen immer vor und Regelüberschreitungen auch, aber wenn ich den Gegner mutwillig verletzen würde, das wär' für mich unfair."

Zwischen dem eindringlichen Plädoyer des Bundespräsidenten für Fair play im Sport und der nüchternen, fast resignierenden Einschätzung von Holger Dahl scheinen Welten zu liegen. Ist die Kluft zwischen der besseren und der realen Welt unüberbrückbar? Zwei Welten im Sport? Was ist Wunschdenken, wo steht die Wirklichkeit? Welche Welt spiegelt sich im Sport? Spaltet ein ähnlicher Riß die Gesellschaft generell? Die Worte des Bundespräsidenten wirken gegenüber den drastischen Sätzen des jungen Fußballspielers fast weltfremd. Und dennoch, Richard von Weizsäckers Ausführungen geben den Geist wieder, der sich hinter dem ursprünglichen Sinn und Inhalt des Fair play seit Beginn des modernen Sports verbirgt. Folgt man traditionellen Bekenntnissen von Sportfunktionären, Trainern, Politikern zu den erzieherischen und gesellschaftlichen Wirkungen und Aufgaben des Sports, dann scheint Fairneß im Sport einer der selbstverständlichsten Werte zu sein: „Im Sport ist Fairneß eine Selbstverständlichkeit", so hörte man; „im und durch Sport werden Toleranz und Fairneß gelernt"; „sportlich zu sein, heißt fair zu sein".

Verbergen sich aber hinter diesen beschwörenden Aussagen heute nur noch fragwürdig gewordene Wünsche und Hoffnungen, Ideologien einer heilen Welt des Sports? Ist diese Welt des Sports noch heil? Ist sie ein Vorbild der Gesellschaft oder nur deren Abbild?

Der Sport gilt als Ursprungsland der Fairneß. Faires Spiel und fairer Sport galten als Zeichen von Ritterlichkeit des Gentleman, des Freizeitsportlers, der zwar den Sieg erstrebte, aber stets nur mit anständigen Mitteln, ohne Verletzung der Regeln und des Spielpartners darum kämpfte. So wichtig konnte der Sieg nicht sein, daß er um jeden Preis errungen werden sollte. Die Idee der Fairneß als Fair play galt und gilt als hoher moralischer Wert des Sports. Der Sport hat diese Idee exportiert auf andere Bereiche des gesellschaftlichen Lebens. Die Achtung des Partners und Gegners, die Beachtung der sauberen Spielregeln ist in jedem ordentlich organisierten, nicht korrumpierten oder nicht brutalisierten System konkurrierenden Verhaltens vonnöten. So schien manchem das Ideal der Fairneß das moralische Geschenk des Sports an die Wirtschaft zu sein, an die geregelte politische Auseinandersetzung im Parlamentarismus, an die Aufstiegskonkurrenz in der Ausbildung und an viele andere Bereiche, die durch Forderung nach Chancengleichheit, durch Regeln der geordneten gewaltfreien Auseinandersetzung und durch Leistungssteigerung aufgrund von Wettbewerb gekennzeichnet sind.

Ernstfälle und Elftes Gebot

Schon 1948 hatte George Orwell geklagt: „Ernsthafter Sport hat nichts mit Fair play zu tun. Er ist verknüpft mit Haß, Neid, Angebertum und der Mißachtung aller Regeln." Die Realität sei inzwischen schlimmer, meinte der Spiegel (40/1988) dazu. Mit dem Ernsterwerden der Konkurrenz — sei es in der wirtschaftlichen Konkurrenz um enger werdende Märkte, knappere Ressourcen, sei es im heftiger werdenden Wettbewerb um Arbeits- und Ausbildungsplätze, Förderungschancen, um knappere politische Mehrheiten, sei es schließlich im existentiell ernster geratenden Hochleistungssport — ist eine Tendenz zum Härterwerden der Auseinandersetzungen offensichtlich. Brutalere Durchsetzungsstrategien sind überall zu beobachten. Spielregeln werden gebrochen, Verletzungen bewußt oder gar planmäßig zugefügt, um den Gegner zu behindern oder auszuschalten. Die blanke Erfolgsmoral scheint die — wenigstens im Sport — früher vorhandene Fairneß überrollt zu haben oder zum schönen Schein zu degradieren. Das ironisch sogenannte Elfte Gebot: „Du sollst Dich nicht erwischen lassen!", gegen das der Pseudo-Olympier Ben Johnson in Seoul spektakulär verstieß, scheint eine heimliche Obernorm für Politik, Wirtschaft, Sport und andere gesellschaftliche Auseinandersetzungen in der angeblichen Ellenbogengesellschaft geworden zu sein.

Wurde das Prinzip Fairneß — einst Garant des Sportgeistes und schönste Blüte der Moral des Sports — zur Makulatur? Unwirksam, allenfalls noch mit Lippenbekenntnissen geschmückt und beschworen, um den schönen Schein der ordnungsgemäß geregelten Auseinandersetzung oberflächlich zu wahren? Hat Gewinnsucht den Geist der Fairneß völlig verdrängt?

Wolfsmenschen?

In der Tat sprechen nicht nur viele Beispiele für eine weitverbreitete Verhärtung oder sogar Brutalisierung, sondern ebenso die Selbstdeutungen von Handelnden. Mit unüberbietbarer Ehrlichkeit, ja, brutalem Bekenntnis zu einem Menschenbild des Kampfes im Sinne eines Jeder-gegen-jeden äußerte der ehemalige Fußballnationalspieler Jupp Kapellmann: „Wir unterscheiden uns nicht allzusehr von Tieren. Wir tragen unseren Existenzkampf mit allen Mitteln aus; jeder muß versuchen, den anderen fertigzumachen." Steht das Menschenbild des Thomas Hobbes hier überdimensional im Hintergrund? „Der Mensch ist dem Menschen ein Wolf" (homo homini lupus). Das Wolfsbild als Menschenbild führt zum Hobbesschen „Krieg aller gegen alle" (bellum omnium contra omnes), wenn die Eigendurchsetzung nicht drastisch durch Regeln, Kontrollen und durch teils erzwungenen, teils freiwilligen Machtverzicht beschränkt wird.
Ist die Wolfsmentalität nun auf harte Sportarten, Mannschafts„spiele" mit unmittelbarer Körperdurchsetzung und Kampfsportarten beschränkt? Findet sich die Haltung nur im amerikanischen Football, im europäischen Fußball, im Wasserball, Handball, Boxen, Freistilringen? Offene Bekenntnisse aus anderen gewaltfreien Sportarten widersprechen dem. Die Mentalität der Brutalisierung hat viel weiter um sich gegriffen — sowohl im Sport als auch in der Gesellschaft. Selbst einer der Größten des als be-

sonders gentlemenlike geltenden, vornehmen wei-
ßen Sports gestand in einem Interview: „Meine Tak-
tik lautet: Wenn du den Gegner am Boden hast, dann
tritt ihm aufs Gesicht und drehe den Fuß herum! Gib
ihm nie die Idee, daß er noch einmal auf die Beine
kommen kann!" So der nicht gerade als brutal oder
unfair bekannte Spitzenspieler der Weltrangliste im
Tennis, Ivan Lendl!
Wenn selbst der weiße Sport von einem solchen Bekenntnis zur Brutalität beherrscht wird, erhebt sich
zwangsläufig die Frage, ob es überhaupt noch faire
Sportarten gibt und wo Idee und Wert der Fairneß
noch wirksam sind. Hat der Sport den Erfolg so absolut gesetzt, daß vom Fair play nichts mehr übrig-
blieb — jedenfalls in der Spitzenkonkurrenz des
Höchstleistungssports? Auch beim Kampf um
Macht und Märkte finden sich entsprechende Äußerungen.

Wirtschaftswölfe?

„Ethik ist ein Faß von Würmern", faßte beißend der
demokratische Kongreßabgeordnete Burleson aus
Texas seine Meinung über die Ethik in Politik und
Wirtschaft zusammen (New York Times 21. 11.
1966). Ein prominenter Politiker seines Landes, der
ehemalige US-Präsident Truman, ein hervorragen-
der Pokerspieler nicht nur im übertragenen Sinne,
meinte über ethische Skrupel in der Politik: „If you
can't stand the heat, stay out of the kitchen" („Wenn
du die Hitze nicht ertragen kannst, bleib außerhalb
der Küche").
Eine Firma, die angeklagt worden war, in ihrem
Mundspray gesundheitsgefährdenden Alkohol ver-

wendet zu haben, und sich deshalb einer staatlichen Untersuchungskommission stellen mußte, bestritt, ungesetzlich gehandelt zu haben. Ihr Spitzenmanager bekannte nach der Anhörung in Washington: „Wir sind in einer hochwettbewerbsorientierten Industrie. Wenn wir im Geschäft bleiben wollen, haben wir nach Gewinn zu streben, wo immer das Gesetz es zuläßt. Wir machen nicht die Gesetze. Wir gehorchen ihnen. Warum sollen wir deshalb diesem Heiliger-als-du-Geschwätz über Ethik folgen? Es ist schiere Scheinheiligkeit. We're not in business to promote ethics. Wenn Ethik nicht von den Leuten, welche die Gesetze machen, in diesen verankert ist, kann man nicht vom Geschäftsmann erwarten, die Lücke auszufüllen. Unterwürfen sich Geschäftsleute plötzlich selbst der christlichen Ethik, so würde dies den größten ökonomischen Aufruhr in der Geschichte herbeiführen!"

Der Vizepräsident einer wegen illegaler Praktiken überführten Abteilung des Konzerns General Electric erklärte: „Ich denke, wir verstanden, daß es gegen das Gesetz war... Der moralische Gesichtspunkt war offensichtlich zu dieser Zeit nicht von Wichtigkeit... Es war eine Periode, in der wir versuchten, Stabilität zu gewinnen, kleinere Produzenten unter unsere Vorherrschaft zu bringen (es handelte sich um einen Fall von Preisabsprachen). Ich hatte gesehen, wie sich vorwiegend aufgrund von Überkapazitäten die Situation dahingehend änderte, daß man dachte, es sei eine Maßnahme zum Überleben der Firma." Ein anderer, ebenfalls wegen Preisabsprachen verurteilter leitender Angestellter bestritt, daß moralische Urteile und Regeln hier etwas helfen könnten: „Ein Ethikkodex bewirkt überhaupt nichts. Ich dachte, ich hätte Moral. Ich denke

auch jetzt noch so. Ich verstand nicht die Gesetze . . ., nicht etwa nicht die Moral. Was für mich
eine ethische Handlungsweise sein könnte, dürfte
gänzlich anders von einem Juristen gedeutet werden. Die Goldene Regel könnte aber mit beiden An-
sichten vereinbar sein." Viele Firmen haben zwar
großtönende ethische Leitregeln für die Öffentlichkeit wie: „Wir glauben, daß Ethik schon an der Fir-
menrezeption beginnt!"
Zu welchen Mißbräuchen der Konkurrenzkampf in
der Geschäftswelt führte, zeigte sich u. a. im Anschluß an den internationalen Lockheed-Beste-
chungsskandal, als sich viele amerikanische Firmen
unethischer Praktiken bezichtigten; sie hatten Beste-
chungs-, Erpressungs- und Schmiergelder gezahlt,
um sich auf diese Weise im Interesse der Geschäfts-
ausweitung oder -erhaltung Vorteile gegenüber den
Konkurrenten zu sichern. Wirtschaftsethiker (wie
Hoffman/Moore) meinen zwar: „Weitverbreitete
Bestechung würde faire Konkurrenz unmöglich machen — und natürlich den Verbraucher schädigen.
Doch handelt es sich um eine weitverbreitete Praxis,
die, wie die Securities and Exchange Commission in
den USA im Anschluß an die Lockheed-Untersu-
chungen herausfand, viel stärker in den Vereinigten
Staaten vorherrschte, als irgend jemand es für möglich gehalten hätte."

Erst kommt der Sieg, dann die Moral . . .?

Haben Sieg, Gewinn und Höchsterfolg auch im Bereich von Politik und Wirtschaft zur brutalen Selbst-
durchsetzung geführt, die allenfalls noch vom
Schein der Wahrung des Rechts (kaum noch des

Anstandes) oder des Images des fairen Verhaltens äußerlich gebremst wird?

Der Manager mit der amerikanischen Musterkarriere bei Ford und Chrysler, Lee Iacocca, drückt die Einstellung schlicht in der tautologischen Form einer Binsenwahrheit aus: „The winning way is the only way to be the best." Iacocca hatte im Zusammenhang mit dem Pinto-Fall, dem Skandal um einen millionenfach verbreiteten besonders unfallträchtigen Kleinwagen, das berüchtigte Wort geprägt: „Safety does not sell!"

Sollte inzwischen daraus ein „Morality does not sell" oder „Fairness does not sell" als Leitstrategie in Sport und Gesellschaft geworden sein?

„Die Nummer eins zu sein" — das zählt in der Gesellschaft und vor allem im Sport. Diese Überbetonung führt zur Verschärfung der Kontraste, des Gegensatzes von Sieg und Niederlage, zum Haß gegen das Unterliegen und den Gegner: „Jedesmal, wenn du gewinnst, bist du wiedergeboren; wenn du verlierst, stirbst du ein bißchen" — so Footballcoach George Allen. Ein Trainer eines eher „sanften" Sports, des Baseball, Bill Musselman, nennt eine „Niederlage schlimmer als den Tod, weil man mit der Niederlage leben muß"!

Angesichts dieses kontrastverstärkenden Alles-oder-Nichts-Denkens bleiben faire Rücksichtnahme und ritterliches Spiel offenbar auf der Strecke. Erreicht der faire, anständige Wettkämpfer, der die Regeln beachtet und den Gegner achtet, nur noch den letzten Platz im Sinne des Baseballspielers Leo Durocher: „Nice guys finish last!"?

Faire Fouls — guter Sport
oder: „Vorbildlich geknüppelt"

Die Trainer scheinen es nicht nur auf der anderen
Seite des Atlantiks erkannt zu haben: Härte und Brutalität gelten — zumal im Football — als Ideal. Von
„Killerinstinkt" ist die Rede: „On Saturday the name
of game is kill!" Fouls und deren Verdeckung werden
trainiert, Vortäuschung eines Fouls beim Gegenspieler ebenso, wie die taktische und psychische Krieg-
führung, die das verdeckte Foul einschließt, etwa das
eindrucksvoll inszenierte Fallen, um ein Foul des
Gegners vorzutäuschen — oder gar den Versuch, bewußt, aber ungestraft den Gegenspieler durch Verletzung außer Gefecht zu setzen. Foulspiel wird zur erwarteten, aufgegebenen Notwendigkeit. „In der Situation" (in der 87. Minute, als sich die Schalker noch
ein Ausgleichstor einfingen), sagte Trainer Merkel,
„gab's nur eine Lösung: Umhauen." Und Mittelstürmer Klaus Fischer pflichtete bei: „Rasieren, den
Schützen vor dem Schuß rasieren!" Der Reporter
ging noch weiter: „Diese Naivität eskalierte in der 87.
Minute zur Dummheit." Ist der Verzicht auf das Foul
nur noch eine Eskalation der Dummheit? Auch Reporter fordern oder loben Aggressivität, „Killerinstinkt" und kompromißlose Härte. Einer von ihnen schrieb zur Analyse des Europameisterschafts-
Qualifikationsspiels Bundesrepublik Deutschland
gegen Wales 1979: „Und je mehr sie mit dem Herzen
dabei sind, desto mehr wird unten geknüppelt, ganz
recht: geknüppelt. Kämpfen, Kloppen, Knüppeln —
das waren die Losungsworte . . . Es wurde vorbild-
haft geknüppelt" (Sportillustrierte 6/1979).
Und die Trainer? Der clevere Trainer schweigt und
erzieht zum taktischen, günstigstenfalls zum „fai-

ren" Foul — oder fordert gar zur Ausschaltung der Gegenspieler auf. Berühmt der Satz des Altbundestrainers Herberger zum Mittelläufer Posipal: „Jupp, deinen Gegenspieler will ich heute abend nicht beim Bankett sehen!" Auch der jetzige Bundestrainer Franz Beckenbauer, der einst elegante und fast stets faire „Kaiser" des Rasens, äußerte sich entsprechend: „Das Foulspiel gehört zum Fußball dazu, das ist halt mal so, das gehört so."

Hauptsache, die Fouls arten nicht ins Extrem aus? „Guter Sport — faire Fouls" — so eine Zeitungsschlagzeile. Exfußballnationalspieler Paul Breitner fordert ganz konsequent, man müßte die Jugendlichen systematisch lehren, foul zu spielen; ohne Foulspiel könne erfolgsorientierter Fußball nicht mehr gespielt werden. Man müsse das Foulen aber „können" — und also vorher lernen, es möglichst ohne ernsthafte Verletzung des Gegners tun. Man unterscheidet zwischen ernsten, verletzenden Fouls und fairen, taktischen, die erwartet werden und nach Meinung vieler auch zugelassen werden sollten. Der Verzicht auf faire Fouls und taktische Finessen wird als Dummheit abgestempelt. Selbst der einstige Nationalheros Uwe Seeler, ein fast stets fairer Spieler, gestand: „Also, normales Foul ist für mich nicht unfair."

Schon bei der Jugend setzt sich diese Auffassung durch. Ein sechzehnjähriger C-Jugend-Verteidiger brachte es auf den Punkt: Im Rahmen der Fair-play-Cup-Aktion des Niedersächsischen Fußballverbandes und der Milchwirtschaft nach seinem persönlichen Verständnis von „Fair play" gefragt, definierte er schlicht: „Kein unnötiges Foul. Wenn's nicht anders geht, muß fair gefoult werden!" Ein vierzehnjähriger Vorstopper: „Fair spielen — und wenn es sein muß, foulen!"

Wenn man das Geschehen auf Fußballfeldern und in Sportstadien aufmerksam verfolgt, stellt sich in der Tat die Frage, ob in der dramatisch gewordenen Auseinandersetzung Doppelzüngigkeit und Doppelmoral das einstige Fairneßgebot ersetzen, ob sich eine drastische Verhaltensveränderung in den oberen Leistungsklassen ausgeprägt hat, die praktisch einem Schwinden des Fairneßprinzips gleichkommt. Zugegeben, die angeführten Beispiele sind drastisch. Doch sie sind keineswegs untypisch; sie spiegeln eine Wandlung des Verhaltens, besonders auch von Verhaltenserwartungen, wider. Die Spaltung der Fouls in ernstlich-verletzende und normale-taktische sagt mehr aus als die Binsenwahrheit einer Tautologie einerseits (jedes Foul galt per Definition als unfair) und eines Widerspruchs in der Beifügung (contradictio in adjecto): „faire Fouls".

Ritterlichkeit in der Ellenbogengesellschaft?

Haben Regeln, Realitäten und Deutungen in der Erfolgs- und Ellenbogengesellschaft sich gegenseitig beeinflußt? Oder bleibt der Wandel nur auf den Sport beschränkt? Hat die Konkurrenzgesellschaft heute stärker als zuvor dem ernster werdenden Sport ihre Stempel aufgedrückt? Wo bleibt das Fairneßprinzip, wenn der faire Partner mit dem letzten Platz vorliebnehmen muß? Hat das Prinzip Fairneß keine Überzeugungskraft mehr — außer in Lippenbekenntnissen und Werbesprüchen? Läßt sich angesichts der Doppelzüngigkeiten und Widersprüchlichkeiten überhaupt noch von einem wirksamen

„Prinzip Fairneß" reden? Hat der Begriff noch einen anwendbaren Gehalt? Kann der Sport noch als reines Musterbild einer fairen geregelten Konkurrenz dienen? Ist das altertümliche Etikett der „Ritterlichkeitsmoral" so überholt wie die olympische Ideologie des Wiedergründers der modernen Olympischen Spiele, Pierre de Coubertin, der im Geist der Ritterlichkeit („esprit chevaleresque") und in der quasi-religiösen Bindung der Athleten („religio athletae") deren höchste kultisch-religiöse Weihe sah? — Oder sollte sich im Fairneßprinzip noch ein wirksamer Restbestand ausfindig machen lassen, der begrifflich geklärt, im Verhalten aufgespürt und wieder wirksamer zur Geltung gebracht werden kann? Fragen über Fragen, die nach einer Analyse des Begriffs Fairneß verlangen.

Das Prinzip Fairneß, seine gegenwärtigen Wandlungen, seine Zusammenhänge mit gesellschaftlichen Strukturen und Prozessen, die Wechselwirkungen zwischen Gesellschaft, Sport, Wirtschaft, Medien, seine Rolle in der heutigen Gesellschaft und die aktuellen Wiederbelebungs- und Erneuerungsversuche des „Fair play" stehen im folgenden zur Diskussion. Alternativen für Maßnahmen und Vorschläge zur Lösung des scheinbar fatalen Dilemmas der Fairneß beschließen das Buch.

Abgrenzungen: Was ist Fairneß?

Was bedeutet „fair"?

Das englische Wort „fair" hat ein weites Bedeutungsfeld. Dieses reicht von Gehalten wie „schön", „geziemend", „angenehm", „edel" über „zivilisiert", „höflich", „aufrichtig", „direkt" und „geradezu", „vielversprechend", „sanft", „ruhig", „gemessen", „gesetzt", „gewaltlos", „angemessen", „echt" bis zu „gerecht", „gleichberechtigt", „ehrlich", „unparteilich", „regelgemäß", „mit gleichen Chancen", „auf gleicher Ebene". Diese Vieldeutigkeit und Weite sind ein Grund für die notorische Schwierigkeit, den Ausdruck in andere Sprachen zu übersetzen — daher wird er auch als Lehnwort in alle modernen Sprachen übernommen. Diese Vieldeutigkeit bedingt auch den schillernden Nuancenreichtum der Fairneßidee. Sicher ist, daß allgemeine Bezugsfelder von spezifischeren — wie etwa im Sport — unterschieden werden müssen. Doch hier greifen unterschiedliche Ebenen, Teilbedeutungen und Anwendungsgesichtspunkte ineinander.

In einer Auflistung führte Haubrich rund ein Dutzend unterschiedlicher Bedeutungsgehalte des Ausdrucks „fair" an wie: „unter Beachtung der geschriebenen und ungeschriebenen Gesetze und ,Spielregeln'"; „unter gleichen Bedingungen in einen Wettbewerb treten"; „auf unerlaubte Vorteile verzichten"; „den Gegner achten"; „unter Beachtung der Regeln des Anstands, des Taktes, der Gepflogenheiten"; „gerecht(fertigt), berechtigt"; „objektiv"; „offen, ehrlich"; „angemessen"; „großzügig"; „tolerant"; „bescheiden"; „sinnvoll = nicht unsinnig", kein „Unfug". Nach Haubrich werden „mit keinem deutschen Wort . . . alle Bedeutungsgehalte von ‚fair‘ erfaßt . . .“. Das Wort habe „Schwammwortcharakter“. Die Bedeutungsnuancen reichen von der funktionalen, formellen Regel zur Einhaltung der Spielregeln bis zur persönlichen Achtung des gegnerischen Partners, von Großzügigkeit, Aufrichtigkeit, Gerechtigkeitsliebe bis zur Selbstdisziplin, die der pädagogische Philosoph Bollnow geradezu als eine neue, zeitangemessene moralische Tugend und als „ein in Regeln kaum faßbares und dennoch ungeheuer fein reagierendes Kriterium menschlichen Verhaltens“ ansieht.

Man wundert sich in der Tat, daß diese weitgespannte Bedeutungsvielfalt nicht zu völliger Verwirrung führt, sondern daß dennoch der Begriff, die Idee und das „Prinzip Fairneß“ im Sport wie im Alltag verstanden und angewendet werden.

Die Frage bleibt, ob diesem Spektrum unterschiedlicher Bedeutungen wirklich ein einheitlicher Grundwert entspricht oder ob nur die Vielfalt der Nuancen sekundär zu einem künstlichen Leitwert kombiniert und hochstilisiert worden ist. Laut französischem Komitee für Fair play ist „Fair play . . . das wahre Wesen des Sports“.

Walter Kuchler versuchte in seinem Buch *Sportethos* die Bedeutungsteile wie „Anerkennung der Spielregeln, Vereinbarungen und Spielinstitutionen“ (nach Lenk), „Als-ob-Haltung im Kampfe“ (Bohnekamp), „Wertschätzung des Gegners als Partner“ (Nohl), Chancengleichheitsidee, „Begrenzung des Gewinnmotivs“ (Lenk), „rechte Haltung in Sieg und Niederlage“ (Wischmann), „Verzicht auf ungleiche Vorteile“, „echter Einsatz der eigenen Kräfte“ (Peets), „Verzicht auf Kritik und Protest außer in vorgesehenen Formen“ nach drei Dimensionen zu ordnen: 1. Regelgerechtes Verhalten im Wettkampf, 2. „Gleichheit der Kampfbedingungen", 3. Auffassung des Gegners nicht als Feind, sondern als Partner. Kuchler zieht Verbindungslinien zu anderen Tugenden wie Aufrichtigkeit, Bescheidenheit, Toleranz, Selbstzucht, Noblesse und Ritterlichkeit, an denen die Fairneß teilhat, mit denen sie aber nicht einfach gleichgesetzt werden kann. Fairneß sei ein Auswahl- und Verkörperungs- sowie Einbettungsprinzip für das Sportethos: ein Wertkomplex, ein mit diesem „verwachsener Wert". Abschließend definiert Kuchler „Fairneß" „als diejenige sportliche Haltung . . ., die in der agonalen (= wettkämpferischen, d. Verf.) Situation den Gegner als Partner nimmt, im Kampfe den Spielsinn bewahrt, auf Regeltreue und Chancengleichheit achtet, das Gewinnen nicht über alles stellt, die rechte Einstellung zu Sieg und Niederlage gibt, zum echten Einsatz der eigenen Kräfte anspornt, unehrenhafte und ungleiche Vorteile ablehnt, erlittenes Unrecht überwinden hilft, in allen diesen Situationen und Fragen großzügig und großmütig entscheiden kann und damit in der guten Bewältigung der agonalen partnerschaftlichen Sportsituation teilhat an den Tugenden der Aufrichtigkeit, der Gerechtigkeit, Bescheidenheit, Selbstzucht und Magnanimitas (Herzensgröße, Noblesse)".

Täuscht diese Definition nicht eine systematische Einheit vor, die den genaueren Zusammenhang und Charakter der Teile eher verwischt? Läßt sich die ganze Vielfalt der Bedeutungsnuancen in das Prokrustesbett einer einheitlichen Definition pressen? Es ist kennzeichnend, daß andere offizielle oder wissenschaftliche Erklärungen zum Fair play auf eine scharfe Definition verzichten — so z. B. bewußt

Peter McIntosh in seiner Monographie *Fair Play* wie auch (eher unbewußt) die einflußreiche Erklärung des Weltrats für Sport und Leibeserziehung der UNESCO über Fair play (Declaration on Fair play, 1976). Man ersetzt die Definition durch Angabe charakteristischer Beispiele oder Minimalbedingungen. So fordert die genannte Deklaration des UNESCO-Weltrates vom Athleten „als ein Minimum, daß er strikten unfehlbaren Gehorsam gegenüber der geschriebenen Regel zeigt", was darüber hinaus durch „einen rechten Geist" und die Hochschätzung der Spielregeln erleichtert werde. Fair play werde beispielhaft verkörpert, indem die Entscheidungen des Schiedsrichters unbezweifelt hingenommen würden (außer wo Regeln ein Anfechtungsverfahren erlauben) und indem der Sportler es entschieden ablehne, „einen Sieg mit allen Mitteln zu erstreben". Fair play — so die Deklaration weiter — sei eine Verhaltensweise, die sich aus der Selbstachtung entwickle und Ehrlichkeit, Aufrichtigkeit und „eine feste und würdige Haltung" auch angesichts der Unfairneß anderer, Achtung gegenüber Mannschaftskameraden und Gegnern als den „notwendigen Partnern" sowie gegenüber dem Schiedsrichter umfasse, ebenso wie „Bescheidenheit beim Sieg, würdige Zurückhaltung (graciousness) in der Niederlage" und jene Großzügigkeit, „die wahre und dauernde menschliche Beziehungen schafft". Entsprechende „Verantwortlichkeiten" werden für Eltern, Lehrer, Sportorganisationen, Trainer und Betreuer sowie für Manager, Mediziner, Schiedsrichter, Vertreter der Öffentlichkeit, besonders Journalisten, und für Zuschauer beschrieben. Doch findet sich in dieser Deklaration weder eine klare und informative Definition oder Analyse noch eine Beschreibung oder Zuordnung verfahrensmäßiger und institutioneller Kontrollen. Es fehlt auch jegliche Unterscheidung zwischen formalen notwendigen Forderungen und hinzukommenden Werteinstellungen bzw. zwischen absolut zu beachtenden Verpflichtungen und hochzuschätzenden, verdienstlichen Wertverwirklichungen, die über die reine Pflichtforderung hinausgehen. Die Deklaration bleibt vage, und — abgesehen von der Forderung der strikten Einhaltung der geschriebenen Regeln und der Beachtung jeder Schiedsrichterentscheidung — unverbindlich und dementsprechend unklar: ein hehrer Appell von geringer praktischer Verwertbarkeit.

Will man demgegenüber eine praktisch verwendbare Analyse des Begriffs und des Prinzips Fairneß unternehmen, so muß man klarer zwischen Begriff, Prinzip und Norm sowie deren Teilkomponenten unterscheiden und strukturell notwendige, also formell faßbare Gehalte von schätzenswerten Werteinstellungen trennen. Dementsprechend müßten verschiedene Teilbegriffe und mehr oder minder zentrale Bedeutungsgehalte voneinander unterschieden werden. Nur so lassen sich unterschiedliche Verwirklichungsgrade und gesellschaftliche wie strukturelle Akzentverschiebungen und geschichtliche Wandlungen deutlicher herausarbeiten. Mit vagen Globaldefinitionen und umfassenden Beschwörungsappellen läßt sich das komplexe Zusammenwirken von Normen, Wertideen, subjektiven Einstellungen und realem Verhalten wie auch von Fremderwartungen und öffentlichem Druck nicht differenziert verstehen.

Sozial-, Staats- und Rechtsphilosophen (etwa Herbert H. Hart und John Rawls) sprechen vom Fairneßgrundsatz (oder gar vom „Prinzip des Fair play"), falls Menschen in einem gerechten, auf gegenseitigen Nutzen ausgerichteten gemeinsamen Gefüge sozialer Zusammenarbeit ihre Freiheit zum allgemeinen Vorteil Beschränkungen unterwerfen. Sie selber ziehen daraus Vorteile, aber übernehmen auch Verpflichtungen, indem sie ihren angemessenen (fairen) Anteil leisten oder zu leisten haben. „Fairneß" und „Fair play" umfassen in diesem Sinne soziale Verpflichtungen — nämlich jene, nicht ohne anteilige Eigenleistung Vorteile von anderen und der Gemeinschaft zu genießen. Die Fairneßverpflichtung soll dem sog. Schwarzfahrerproblem begegnen. — Natürlich hat dieser Gedanke etwas mit der allgemeinen Fairneßidee zu tun. Es ist nur nicht einzusehen, warum dabei von Fair *play* die Rede ist, wenn man nicht metaphorisch den Begriff des (geregelten) *Spiels* aus dem Sport auf soziale Verabredungen und Verträge überträgt. Das Funktionieren der Gesellschaft als quasisportliches Spiel aufzufassen ist natürlich eine interessante Metapher, die zu fruchtbaren Überlegungen Anlaß geben kann. Solche Überlegungen spielen in „Gerechtigkeit als Fairneß" (so das erste Kapitel von Rawls' berühmtem Buch *Eine Theorie der Gerechtigkeit*) eine bedeutsame Rolle. Doch ist diese allgemeine Deutung der sozialen Fairneß viel zu umfassend, um das übliche Prinzip der Wettkampffairneß zu treffen. Sie könnte als eine Verallgemeinerung konkreterer Fairneßvorstellungen auf eine umfassende Sozialethik aufgefaßt werden. Dabei würde sich Fairneß auf die soziale

Kooperation beziehen. Noch allgemeiner könnte man sogar auf die Forderung verzichten, daß die Handelnden genau bestimmten Regeln folgen und daß nahezu alle Teilnehmer wirksam mitarbeiten müßten, um von „fairem" Beitrag zu sprechen (Simmons).

In der Sozial- und Rechtsphilosophie wird im Anschluß an Rawls oft vom Fairneßgrundsatz als einer „Regel fairer Chancen" (fair opportunity rule) gesprochen, die aber in dem erwähnten weiteren sozialen Sinne gedeutet wird: Niemand sollte diesem Grundsatz zufolge gesellschaftliche oder wirtschaftliche Vorteile aufgrund unverdienter, ihn bevorteilender Eigenschaften davontragen, noch sollten ihm solche aufgrund unverdienter, ihn benachteiligender Eigenschaften verwehrt werden, weil sie oder er für diese Eigenschaften nicht verantwortlich gemacht werden können. Aufgabe des Fairneßgrundsatzes als sozialethischer Leit- und Reformregel ist es nun, solche Handikaps der „natürlichen" oder „sozialen Lotterie" des Lebens im Sinne einer Verteilungsgleichheit möglichst auszugleichen oder zu kompensieren — entweder durch unterstützende Sonderprogramme (etwa in der Erziehung) oder durch ausgleichende oder wenigstens die Benachteiligung verringernde Sondergüterzuteilung. Diese Idee der Fairneß, die Rawls heranzieht, um seine Theorie der „Gerechtigkeit als Fairneß" zu begründen, richtet sich in erster Linie auf möglichste Gleichheit der Verteilung von Gütern, Nutzen, Dienstleistungen usw. aus. Diese generelle Fairneßregel ist *materiell* insofern, als sie auf grundsätzliche Gleichheit von Güterverteilungen und den Genuß von Dienstleistungen, Zuteilungen und Chancen zielt. Diese Güterausgleichsfairneß ist ergebnisorientiert.

Die Fairneßgrundregel des gleichen Genusses ist ebenso wie jene Anteiligkeitsfairneß des oben erwähnten „fairen" Anteils an den zu übernehmenden Soziallasten nicht jene, die im Sport bedeutsam ist. Zwar geht es im sportlichen Wettkampf und Training auch um Gleichberechtigung und Gleichheit der Stellung des Sportlers, aber nicht hinsichtlich des Ergebnisses, sondern allein der Startchancen. Ziel ist es gerade nicht, natürliche Talentunterschiede — etwa in den körperlichen Anlagen — auszugleichen oder durch besondere Hilfeprogramme zu kompensieren, sondern ausschließlich formell die Gleichheit der Startchancen zu sichern, um gerade so den Wettkampf zu einem objektiven und gerechten Mittel der Unterschiedsfeststellung werden zu lassen. (Diesem Ziel diente in manchen Sportarten wie Ringen, Boxen und Gewichtheben die Einführung von unterschiedlichen Gewichtsklassen.) Die sportliche Fairneßregel ist also formal-funktional und auf die Gleichheit der Startbedingungen ausgerichtet, um durch den Wettkampf eine Art symbolischer Ungleichheit um so deutlicher zu erzeugen und zu dokumentieren. Als Konkurrenzfairneß ist sie eine weitgehend andere Ausformung von Gerechtigkeitsüberlegungen als die sozialethische Verteilungsfairneß. Beide Auffassungen verdanken sich zwar Gerechtigkeits- und Gleichheitsüberlegungen, aber auf unterschiedlichen Ebenen und in verschiedenartiger Akzentsetzung. Wenn wir im folgenden von dem Prinzip Fairneß sprechen, so meinen wir in erster Linie — wenn nicht anders betont — die sportliche Konkurrenzfairneß der gleichen Chancen und des entsprechenden Umgangs mit dem Konkurrenten im geregelten Wettkampf.

Die auf Kooperation zur Schaffung sozialen Wohls ausgerichtete Fairneßauffassung ist offensichtlich nicht die übliche, die den Forderungen des „Fair play" im Sport oder auch in anderen Konkurrenzbereichen wie Wirtschaft, Politik und Recht zugrunde liegt. Hier handelt es sich um Wettbewerb und Konkurrenz, die von besonderen Regeln geleitet, ja, erst erzeugt werden. Fairneß in diesem engeren Sinne bezieht sich notwendig auf regelgeleitetes Konkurrenzverhalten, also in erster Linie auf geregelte Auseinandersetzung statt auf soziales Zusammenwirken. Natürlich bedingen auch Konkurrenz und Wettbewerb ein Zusammenwirken von gegnerischen Partnern, die gewissen Regeln der Auseinandersetzung, „Spielregeln", verpflichtet sind. Das Prinzip Fairneß hat an Bedeutung gewonnen, je mehr sich die Gesellschaft aus einer Ständegesellschaft zur Konkurrenzgesellschaft entwickelte, je stärker individuelle Leistung im Wettbewerb gefordert wurde und funktionale Normen der Regelung erzwungen haben. Das Fairneßgebot scheint so in erster Linie eine notwendige Norm bei der Entwicklung zu einer individualistischen, pluralistischen Konkurrenzgesellschaft. In diesem Sinne lassen sich Ursprung und Übertragung der Idee aus dem Sport leicht verstehen. Je mehr die Gesellschaft zu einer Leistungs- und Wettbewerbsgesellschaft wird, desto wichtiger wird eine regelnde Verhaltensnorm. Sie hat in erster Linie funktionalen, das heißt formalregelnden Charakter; jedoch entsprechen ihr auch eine Einstellung und eine Haltung, die über das Formale hinausgehen. Dies macht die Fairneßidee zu einem Leitwert.

Nur eine Rahmendefinition

Üblicherweise erwartet man zu Beginn eines Buches eine umfassende Definition des zentralen Begriffs. Deutlich geworden ist schon, daß sich der Gehalt der Fairneßidee im Laufe der Geschichte und abhängig von sozialen Gruppen geändert hat: Vom aristokratischen Verhaltenskodex der Ritter und noblen Gentlemen wandelten sich Inhalt und Funktion der Fairneßnorm zu einer eher bürgerlichen Verhaltensregelung ohne aristokratischen Kern, welche die Chancengleichheit und die geordnete, geregelte Durchführung des Wettkampfes garantieren und kontrollieren sollte. Standesgebundenheit wich umfassender formaler Gleichberechtigung für beliebige Mitspieler, Gegner und potentielle Partner. Aus einer inhaltlichen Auszeichnungsregel scheint eine formale Gleichberechtigungsnorm für Chancen (geradezu eine besondere Regel zur Abwehr von sozialen Unterschieden und darauf beruhenden Diskriminierungen) entstanden zu sein. Ideal, Idee, Begriff, Norm und Spielregeln sowie die entsprechenden Einstellungen unterlagen und unterliegen — wie noch deutlich wird — einem historischen Wandel. Nur gewisse, eher formale Kernmomente blieben erhalten und wurden weniger unterschiedlich gedeutet.

Aus diesen Gründen kann keine umfassende Definition des Begriffs und Prinzips Fairneß gegeben werden, die einheitlich das Verständnis zu allen historischen Epochen wiedergeben würde. Idee, Begriff und Prinzip Fairneß stellen keine überhistorische, unwandelbare einheitliche Idee dar, die durch eine formale Definition oder geschichtsunabhängige Begriffsanalyse ein für allemal erfaßt werden könnte.

Dementsprechend ist eine geschichtsunabhängige umfassende Definition des Begriffs, die den Deutungen aller relevanten Epochen gerecht würde und die für alle Zeiten Gültigkeit hätte, unmöglich.

Statt einer umfassenden Wesensdefinition kann für die folgenden Untersuchungen daher nur eine vorläufige *Arbeitsdefinition* oder *Rahmendefinition* zugrunde gelegt werden. Besser ist es vielleicht sogar, von notwendigen Merkmalen und Rahmenbedingungen zu reden, die einer Sprachregelung und Minimalkennzeichnung dienen. Es handelt sich also um eine begriffliche Abgrenzung durch Angabe eines Minimums an notwendigen Bedingungen.

Entsprechend der Grundintuition der Konkurrenzfairneß bezieht sich der Begriff „Fairneß" auf eine Konkurrenz- oder Wettkampfsituation, die zwischen gegnerischen Partnern stattfindet und in einem abgegrenzten Rahmen übergeordneten Regeln folgt. Zentraler Gehalt der Fairneßidee ist dabei *erstens* das Gebot, die für das Spiel und seinen geordneten Ablauf wesentlichen Spielregeln einzuhalten (man spricht von konstitutiven Spielregeln): Wer bewußt immer Hand spielt, spielt keinen Fußball mehr. *Zweitens:* Die Einhaltung normaler Spielregeln innerhalb des Spiels (der sogenannten regulativen Vorschriften) ist ebenfalls geboten: Boxhiebe sind im Fußballspiel verboten. *Drittens:* Die strikte Beachtung der Schiedsrichterurteile ist gefordert und wird im Sport als unverzichtbarer Bestandteil des Fairneßgebots aufgefaßt. Diese bisherigen drei Normen machen den formalgültigen, funktionalen Teil des Fairneßbegriffs aus. Die Beachtung dieses Teils ermöglicht erst die geordnete und geregelte Durchführung des Wettkampfes. Inhaltlich steht hinter dieser formellen Forderung *viertens* die Idee, den

Wettkampfpartnern Chancengleichheit und gleiche Startchancen zu garantieren. Wirksam gedopte Sprinter würden nicht mehr unter gleichen Wettkampfbedingungen gegen ungedopte Partner antreten. (Auch die langfristig manipulierte Muskelentwicklung durch anabole Steroide bei Schwerathleten verletzt die Idee der Chancengleichheit — bezogen auf einen Zeitraum lange vor dem Start.) Die Idee der unmanipulierten Chancengleichheit gehört unverzichtbar zum Kern des Fairneßbegriffs, könnte geradezu auch zu dessen formellem Teil gerechnet werden. (Das sogenannte Setzen von besonders prominenten Konkurrenten gegen schwächere Gegner dient in Turnierwettbewerben, etwa beim Tennis oder Cup-Fußball nach dem K.-o.-System, der größeren Attraktivität der Finalpaarungen, widerspricht aber eigentlich der Chancengleichheit aller Teilnehmer, die in der Regel durch eine Zufallswahl besser gewährleistet scheint. Nur bei der Setzung der Vorlaufbesten auf benachbarten Mittelbahnen im Schwimmen dürfte die Chancengleichheit der anderen Wettkämpfer kaum eingeschränkt sein.)

Die der Chancengleichheit entsprechende Einstellung kann — wie auch die nächste Teilidee — weit über die formelle Regelforderung hinausgehen: Lord Burghley, der spätere Marquess of Exeter und Vizepräsident des Internationalen Olympischen Komitees, war bei den Olympischen Spielen von 1932 Titelverteidiger im 400-m-Hürden-Lauf. Er hatte beschlossen, den ermüdenden Einmarsch zur Eröffnungsfeier zu meiden, um sich für die Qualifikationsläufe am nächsten Tag zu schonen. Als er aber hörte, daß sein Hauptkonkurrent am Einmarsch der Athleten zur Eröffnung der Spiele teilnehmen wollte, schloß auch er sich an — eine edle (heute vielleicht kaum noch vorstellbare) Geste zur Gewährlei-stung gleicher Startbedingungen, die keineswegs vom konstitutiven Regelwerk der Fairneß gefordert wird. Die Einstellung zur Fairneß geht also über das von den strikt zu beachtenden Spielregeln im engeren Sinne geforderte Verhalten hinaus.

Auch heute finden sich noch derartige Beispiele: Bei den peruanischen Olympiaqualifikationswettkämpfen vor den Spielen von Seoul nahm der führende Aranguena den ihm zustehenden Sieg nicht an, weil die Pistole seines Gegners plötzlich nicht mehr funktionierte; er forderte einen späteren Ausscheidungskampf. Diesen und die Olympiateilnahme verlor er dabei. Er wurde mit dem Ehrendiplom des Internationalen Fairplay-Komitees ausgezeichnet.

Bei den Tauziehwettbewerben der World Games 1989 der nichtolympischen Sportarten in Karlsruhe mußte die holländische Mannschaft wegen einer Verletzung eines Wettkämpfers während des Turniers mit nur sieben Athleten weiterkämpfen. Daraufhin zogen die späteren gegnerischen Mannschaften, Großbritannien, Irland und Schweden, für ihre Begegnung mit den Holländern ebenfalls jeweils einen achten Mann zurück, obwohl die Regeln dies nicht erfordern. Es gibt hier in nicht von den kommerziellen Versuchern heimgesuchten Sportarten noch wirkende Gentlemen's Agreements der Fairneß, sozusagen ungeschriebene und — streng genommen — unverbindliche Vereinbarungen, an die man sich großzügig hält, selbst wenn es — wie in diesem Fall bei allen drei Mannschaften — um die Medaillen geht.

Es gilt *fünftens,* die Achtung und Beachtung des Gegners als eines Spielpartners zu wahren, der nicht als Feind und nicht nur als Rollenträger, sondern auch als Mensch und personaler Partner respektiert werden soll. Auch hier gehen Idee und Begriff der Fairneß über das für das Zustandekommen des Wettkampfes unverzichtbare Formale und Funktionale hinaus. Man könnte von einer erweiterten Einstellung zur Fairneß im Sinne einer *informellen Idee* sprechen: von Fairneß als persönlicher Einstellung, als Charakterwert, als idealer Forderung einer Wettkampfpartnerschaft über die Beachtung der strikt geforderten formalen Regeln hinaus.

Diese fünf Merkmale des Fairneßbegriffs können als minimale Orientierungsmarken dienen, um Wertungen im Sinne von „fair" oder „unfair" zu kennzeichnen. Sie erfordern aber weitere Differenzierungen. Haben wir deshalb künftig, wie Eckhard Meinberg meint, statt einer Sportethik viele verschiedene „Sportmoralen" zu entwickeln — entsprechend der Differenzierung des Sports selbst in „Wettkampf-", „Höchstleistungs-", „Berufs-", „Normal-", „Breiten-", „Medien-", „Freizeitsport" und alternative Sportbewegungen?

Alle reden von Fairneß — doch allzu pauschal. Zeigt sich nicht darin schon, daß die Wirklichkeit in Sport *und* Gesellschaft den ursprünglichen Erwartungen, Werten und Normen kaum noch entspricht? Alle wünschen Fairneß — doch die wenigsten verwirklichen sie in Situationen von Versuchung. Gilt das nicht sowohl im Sport wie in der Gesellschaft?

Differenzierung tut not; nur so kann Klärung erfolgen. Durch die differenzierte Sicht lassen sich gängige Pauschalurteile darüber vermeiden, ob „Fair play" in manchen Grundzügen schon im antiken Sport der Griechen, im Mittelalter bei den Ritterturnieren oder bei den Spielen der Renaissancezeit geübt und beachtet wurde. Die Annahme, Fairneß sei im Mittelalter nicht zu finden gewesen, weil der Begriff gefehlt habe und weil es die Institution des individualistischen Sports und pluralistische Orientierungen, aber auch eine Gentlemen-Klasse nicht gegeben hätte, nützt in dieser Globalfassung nichts. Sollte man dennoch interessante Vergleiche schon deswegen als aussichtslos erklären, weil nur ein einziges definitorisches Merkmal nicht gegeben war? Vergleiche können gerade wegen ihrer Akzentverschiebungen oder Überlagerungen wichtig sein.

Formelle und informelle Fairneß

Schon zu Beginn der sechziger Jahre wurde ein Ansatz zur Differenzierung des Fairneßbegriffes vorgeschlagen (Lenk 1964), der (außer in Kuchlers Buch) kaum zur Kenntnis genommen wurde, aber neuerdings wieder an Aktualität zu gewinnen scheint (Sontheimer 1986). Unterschieden wurde damals zwischen dem „formellen Fairplay" als der zwingend vorgeschriebenen Normforderung, die Spielregeln einzuhalten, und dem „informellen Fairplay" als der nicht durch Sanktionen erzwungenen Erwartung von Achtung und ritterlichem Geist gegenüber dem Gegner und dem Schiedsrichter. Die Soziologen trennen zwischen idealerweise zwingend einzuhaltenden Normen, den „Muß-Normen", deren Übertretung durch Sanktionen (Strafen und Kontrollen) geahndet wird, und empfehlenden „Soll-Normen", deren Einhaltung hochgeschätzt, deren Übertretung aber nicht — jedenfalls nicht streng — sanktioniert wird. (Es gibt noch eher unkontrollierte „Kann-Normen".) Die Normen drücken ihrer Natur nach eine auf das soziale Gefüge, die Partner als Rollenträger bzw. Personen und die Situation gemünzte verallgemeinernde Verhaltenserwartung aus. Der Handelnde *muß* die verbindlichen Spielregeln des geregelten Konkurrenzspiels einhalten, und er *soll* sich dem Gegner gegenüber so verhalten, daß er diesen nicht als Feind, sondern als zu respektierenden Rollenpartner behandelt und achtet — nicht für das Zustandekommen des Spiels, sondern als Person. Er muß zum Beispiel dessen Grundrechte (Menschenwürde, Leben und körperliche Unversehrtheit) unangetastet lassen (mit gewissen durch die Regeln vorgegebenen Risiken und deren Einschränkungen bei harten Kampf- und Kontaktsportarten). Unter den Muß-Normen könnte man reine Spielregelverletzungen von ernsthaften Fouls und Übertretungen der Chancengleichheitsnorm (soweit diese den Spielregeln nicht widerspricht) unterscheiden. Auf diese Weise ließen sich neuerliche Akzentverschiebungen deutlicher herausarbeiten.

Die Muß-Normen vertreten gleichsam die Legalität und Konstitutivität (die unverzichtbare, wesentliche, das Spiel erst ermöglichende Beschaffenheit) der Regelstruktur.

Das informelle Fairneßverhalten geht über das formelle Moment der Regelerfüllung hinaus, zeigt sich eher als „Moralität" im Sinne des traditionellen Sportlichkeitsgeistes oder der vielbeschworenen „Ritterlichkeit", die der Wiedergründer der modernen Olympischen Spiele, Pierre de Coubertin, als moralisches Grundgebot des olympischen Sports ansah. „Fair play", das sei die Norm und Verkörperung des „ritterlichen Geistes" („esprit chevaleresque"), der die Wettkämpfer auch im heftigsten Kampf in wechselseitiger Achtung verbunden sein läßt. Diese „Ritterlichkeit im Streit zu üben" — darin liege der sittliche „Sinn" der Olympischen Spiele. Die Athleten seien Mitglieder einer „Ritterschaft" (chevalerie), einer Art „Waffenbrüderschaft" oder „Priesterschaft", die sie im Sinne dieser Moral fast religiös bindet wie verbindet. „Das Wichtige im Leben ist nicht, gesiegt zu haben, sondern sich gut geschlagen zu haben", schreibt Coubertin. Wenn, wie er meint, „die menschliche Gesellschaft durch das Konkurrenzprinzip ausgearbeitet wird", so sind die Regeln der Konkurrenz und deren Einhaltung unverzichtbar für das erwähnte wichtige Ziel im Leben und für die nach Coubertin nur durch das „System organisierter Konkurrenz" erzeugte Leistungssteigerung im Sinne des olympischen „Citius — altius — fortius" (schneller — höher — stärker). Dieser Wahlspruch des Paters Didon galt dem Wiedergründer der Olympischen Spiele als ein Axiom, das in Gestalt des Rekordstrebens den Sport beherrschen sollte wie Newtons Axiome die Physik. Nichts — außer dem Fairneßprinzip — sollte die „Freiheit seines Austobens" und die ständigen Steigerungen des Sports beschränken.

Kurzrückblick in die Geschichte des Fair play

Ritter, Hellanodiken und Gentlemen:
Wie fair war Robin Hood?

Die formelle Fairneßnorm für die Befolgung der Wettkampfregeln begrenzt formell das Gewinnmotiv. Coubertins Fair-play-Begriff greift also weit über die formelle Forderung der Regeleinhaltung hinaus; doch muß sie nach Coubertin von der informellen Ritterlichkeit ergänzt und ausgefüllt werden. Man darf nicht Coubertins Begriff der „Ritterlichkeit" einfach mit dem Reglement der mittelalterlichen Ritter bei ihren Turnieren gleichsetzen. Einerseits entspricht etwa ein Nachlassen der eigenen Anstrengung und Leistung gegenüber einem unterlegenen Wettkampfpartner nicht dem Fair play: „Wenn ein Tennisspieler seine (spielerisch stark unterlegene) Ehepartnerin (zu ihrer Ermunterung) Punkte gewinnen läßt, verkörpert er die Ritterlichkeit, er begeht aber auch einen Verstoß gegen das Fair play", urteilt Allen Guttmann, „er verwechselt Sport mit ehelichem Glück und Frieden" (Klammern hinzugefügt v. Verf.). Selbst diese allgemeine „Ritterlichkeit" im modernen Verständnis unterscheidet sich also vom formellen wie auch vom informellen Fairplay-Gebot. Darüber hinaus war das ritterliche Tugendideal des Mittelalters eine spezifische aristokratische Sondermoral, der Verhaltenskodex eines Standes, der z. B. auch forderte, daß „ein Nichtritter, der sich seinem adligen Herrn gegenüber rühmte, den (adligen) Feind seines Herrn in der Schlacht getötet zu haben, selbst mit dem Tode bestraft wurde" (Lippert). Das Ritterethos zielte in erster Linie auf standesgemäße Selbstdarstellung — bei aller Einhaltung formeller Regeln. Die moderne Fairneßidee geht gerade über jede ständische Beschränkung hinaus, bezieht sich auf geregelte Auseinandersetzungen in Gesellschaften Gleichberechtigter. Ihre Karriere ist an Individualismus, Pluralismus und grundsätzliche Demokratisierung im Sinne gleicher Zugangschancen gebunden. Sie umschreibt kein Standeskennzeichen und in erster Linie auch keine Charaktereigenschaft, sondern funktional den Charakter einer Rollenkonkurrenz und die ihr entsprechende offene Einstellung zum geregelten „gleichen" Wettbewerb.

Trotz einiger Ähnlichkeiten, was die Regelbeachtung, Chancengleichheit der Partner und die Achtung vor der Person des Gegners angeht, gibt es also kennzeichnende Unterschiede zwischen dem mittelalterlichen Ritterethos und dem modernen Fair play.

Selbst das Ideal des Gentleman, das als Ursprungskonzept der Fairneß gilt, ist ein Standesethos, das sowohl der Selbstverwirklichung wie der Vermeidung sozialer Konflikte diente, während Fairneß die Betonung und Regelung des Konflikts im Wettkampf selbst betrifft.

Schon im 14. Jahrhundert verwendet Geoffrey Chaucer die Bezeichnung „gentleman", um „angemessene Qualitäten und Verhalten" im Sinne „ritterlicher Instinkte und feiner Gefühle" zu beschreiben. (Daneben war auch das Merkmal der vornehmen Geburt wesentlich.) Chaucer verwendet den Ausdruck „fair" für das „Anständige" (honestum) — „fairnesse" oder „fairhede" für innere Güte und Schönheit. Es bleibt aber unsicher, ob sich hier bereits die moralische Bedeutung auf eine Verhaltenscharakterisierung bezieht. Entsprechendes gilt auch für die Ballade von Robin Hood aus dem Jahre 1510, in der erwähnt wird, wie der stolze Sheriff von Nottingham ein volles faires Spiel ausrief („did cry a full fair play"), in dem „all die besten Bogenschützen des Nordens an einem Tag zusammenkommen sollten", um den Besten unter sich auszuschießen. Überflüssig zu vermerken, daß Robin Hood gewann.

Immerhin ist interessant, daß der Fair-play-Begriff zuerst beim Bogenschießen auftaucht. Jost hält dabei eine ethische Deutung dieses Begriffs noch für wenig wahrscheinlich, jedoch sind die von Jost selbst zitierten Ritterregeln des Lord Tiptofte (von 1467) wenigstens in bezug auf das „foule play" im Sinne einer Regelverletzung schon deutlich ethisch verstanden. Sicherlich muß man der Versuchung wehren, „ein ‚Fair play' schon dort zu vermuten, wo es nur Ähnlichkeiten in einzelnen Situationen gibt". Insofern kann man, streng genommen, die Fairneßidee nicht einmal mit dem Standes- oder Klassenethos der Gentlemen gleichsetzen, obwohl die historische Untersuchung von Herkunft, Übertragung und Verallgemeinerung im frühneuzeitlichen England anzusetzen ist (Eisenberg).

Alles-oder-nichts-Urteile wie, das Fair play fände sich bei den antiken Griechen, im Mittelalter und im frühneuzeitlichen England noch gar nicht, sind allzu vergröbernd, verwischen Ähnlichkeiten (wie Regeleinhaltung, Beachtung von Chancengleichheit und Schiedsrichterautorität u. ä.), die herauszuarbeiten ebenso interessant wie wichtig ist, wie auch ihre deutlichen Unterschiede. So hielten die Wettkämpfer im griechischen Altertum Wettkampfregeln ein, beachteten Forderungen der Chancengleichheit (z. B. vor den Olympischen Spielen eine mehrmonatige Trainingsverpflichtung und einmonatiges gemeinsames Training bei gleichartiger Ernährung in Elis) und unterwarfen sich dem Schiedsrichterspruch der Hellanodiken. Es finden sich nur wenige überlieferte Aussagen zum informellen Fair play oder zum Ritterlichkeitsgeist — wie etwa zur physischen und psychischen Schonung des Unterlegenen; diese Vorstellung dürfte der griechischen Mentalität im „agonalen Zeitalter" (Jacob Burckhardt) ferngelegen haben. Schonung und Achtung des Gegners als eines Partners und Respektierung seiner Person scheinen im antiken Olympia den Athleten wie den Zuschauern fremd gewesen zu sein. Im Allkampf (Pankration) waren außer Kratzen und Beißen nahezu jeder Griff, Schlag und Trick erlaubt.

Die erwähnte noch recht grobe Unterscheidung zwischen formeller und informeller Fairneß gestattet bereits, diese gegensätzlichen globalen Urteile differenzierter zu sehen. Zwar scheint das informelle Fair play, die sportliche „ritterliche" Achtung des Gegners, die Rücksichtnahme auf Leben, Leib und Ehre des Partners, bei Wettkämpfern und Zuschauern im Altertum wesentlich weniger ausgeprägt als im traditionellen englischen Sport der Gentlemen, doch wurde auch in der Antike zumeist das formelle Fair play strikt beachtet und von den Kampfrichtern streng kontrolliert: Verfehlungen und Übertretungen wurden mit Geldbußen, Ausschluß vom Wettkampf und häufig gar durch Auspeitschen bestraft.

Nicht nur die griechische Philosophie entwickelte ein verfeinertes Empfinden für Gerechtigkeit, sondern auch Kampfrichter und fallweise Zuschauer bei Sportkämpfen entwickelten einen wachen Sinn für Chancengleichheit: Die olympischen Athleten standen während des Trainings in Elis unter strikter Aufsicht. So wird berichtet, daß 212 v. Chr. Klitomachos von Theben, der sowohl für den All- als auch für den Faustkampf nominiert war, die Schiedsrichter überzeugen konnte, die Zeitfolge umzukehren und das Pankration vorwegzunehmen, „weil er beim Faustkampf schwere Verletzungen zu befürchten habe — eine nette Bestätigung der damaligen Meinung, Boxen sei gefährlicher als Ringkampf oder Pankration", meinen die Olympiahistoriker Finley und Pleket.

Übrigens konnte auch der Unterlegene in Olympia zum „Liebling des Volkes" gekürt werden. „Laß den Mut nicht sinken, Aristonikos!" So wurde mit Zuruf und Beifall der unbekannte ägyptische Faustkämpfer bei den Spielen gegen den zuvor erwähnten Klitomachos ermuntert. Daraufhin trat dieser „einen Schritt zurück, verschnaufte und wandte sich an die Zuschauer und fragte sie, warum sie Aristonikos zujubelten und dergestalt unterstützten: ‚Habe ich schlechter gekämpft oder gegen die Regeln verstoßen? Wißt ihr nicht, daß ich für den Ruhm Griechenlands kämpfe, Aristonikos hingegen für den des Königs Ptolemäus? Sähet ihr lieber einen Ägypter den olympischen Kranz davontragen als einen Thebaner oder Böotier Olympiasieger im Faustkampf werden?' Als die Zuschauer diese Worte des Klitomachos hörten", so berichten die genannten Olympiahistoriker nach einem zuverlässigen, fast zeitgenössischen Geschichtsschreiber, „wurden sie anderen Sinnes, so daß Aristonikos schließlich geschlagen wurde, weniger durch seinen Gegner als durch die Stimmung der Menge."

Diese Episoden zeigen, daß die Beurteilung der Fairneß bei den antiken Spielen differenzierter ausfallen muß: Selbstverständlich gab es keinen Begriff des Fair play der Amateure im modernen Sinne. Die informelle Fairneß war in Anklängen erkennbar. Die Regeln ließen recht grausame Wettkämpfe zu — sogar mit tödlichem Ausgang. Die Einhaltung von Spielregeln und Chancengleichheit wurde von den Kampfrichtern objektiv und exakt überwacht. Komponenten der formellen Fairneß wurden also beachtet, informelles Fair play dagegen weniger.

Festzuhalten bleibt: Mit der Entwicklung des modernen Sports im vorigen Jahrhundert übertrug man den Ausdruck „fair" auf den sportlichen Wettkampf. Das Prinzip Fairneß entwickelte sich ausdrücklich erst im Zuge der Massenausbreitung, Individualisierung und Demokratisierung des Sports sowie mit zunehmendem Pluralismus von Lebenseinstellungen und dem Überwinden von Standes- und Klasseneinschränkungen. Hierbei fand eine umfassende Verallgemeinerung der Idee statt, die diese zu einer von Standesrücksichten unbeschränkten funktionalen Norm machte. Erst im Zuge dieser Entwicklung wurde die Fairneßidee als ideale „Sportlichkeit" (sportsmanship) gedeutet, also im Sinne des informellen Fair play zu einer zentralen moralischen Kategorie im Sport und — sich ausbreitend — auch von der Gesellschaft übernommen. Großmut, Großzügigkeit des Geistes und Selbstzucht waren Charakteristika des informellen Fair play schon zu Zeiten des noch recht heiteren, zweckfreien Gentlemensports. Noch gegen Ende des ersten Drittels dieses Jahrhunderts forderte der Amerikaner Rogers: „Man erinnere sich, daß Sport ein Vorrecht der Gentlemen ist. Und eines der Kennzeichen eines Gentleman ist, daß er nicht auf Tricks zurückgreift und daß er jedes Spiel mit seinen Karten auf dem Tisch spielt — das Spiel des Lebens wie das des Fußballs."

Systembedingte Wandlungen der Fairneß

„Sportlichkeit" als Moralbegriff?

Kann die großmütige Sportlichkeit der Freizeitsportler, die ihren Sport als zweckfreies Vergnügen betrieben, noch in Zeiten eines ernst und existentiell gewordenen Hochleistungssports gültig sein, in dem es angesichts notorischer Überbewertung des Sieges scheinbar nur noch um Alles-oder-nichts-Entscheidungen geht? James Keating hat in seinem klassischen Aufsatz *Sportsmanship as a Moral Category* (1965) auf die gewandelte Form der Fairneß unter erheblich erschwerten Bedingungen aufmerksam gemacht. Er sieht den Geist der Sportlichkeit beim Hochleistungssport (athletics) in das Paradox geraten, daß er „vom Athleten, der in eine todernste und emotional geladene Situation eingepfercht ist, fordert, so locker zu handeln, als ob er mit einer angenehmen Zerstreuung beschäftigt sei". Nach aufwendigem und opfervollem Training, angesichts physischer wie emotionaler Erschöpfung des Athleten zu verlangen, „mit Fairneß im Wettkampf, Bescheidenheit im Sieg und einer verehrungswürdigen Haltung in der Niederlage zu handeln", sei eine (zu) große Anforderung an den Sportler und seine Selbstbeherrschung. Obwohl Keating die Verwechslung von Normalsport und Hochleistungssport, von angenehmer Zerstreuung und härtestem Kampf um den exklusiven Besitz des Preises und des Sieges im Hochleistungssport kritisiert, sieht er dennoch einen „ehrenhaften Sieg" unter „Fairneß oder Fair play, der zentralen Tugend im Hochleistungssport", auch für die Athletik als Ziel an, dessen Verwirklichung eine „unparteiische und gleiche Anwendung der Regeln" erfordert. Wird hier nicht wieder die Norm des formellen Fairneßgesetzes mit der informellen Fairplay-Mentalität in einen Topf geworfen — im Gegensatz zu Keatings Meinung, es handle sich um ganz unterschiedliche Verhaltens- und Motivationsformen? Bei gleicher formeller Regelbeachtung könnten gerade die unterschiedlichen informellen Einstellungen (Großmut einerseits, härteste Zielkonzentration und Durchsetzung andererseits) Grundlage für den Vergleich sein. Keating selbst hält es für fruchtlos, „einen einzigen Verhaltenskodex zu entwerfen, der in gleicher Weise auf radikal verschiedene Aktivitäten anwendbar wäre". Lombardis Vermächtnis des „Winning is the only thing" läßt anscheinend keine heiter-lockere Großzügigkeit im Handeln und in der Regelauslegung zu. Ist eine Spaltung der Moral die einzige Alternative, die übrigbleibt? Kommt wirklich erst das Siegen und dann die Moral? Ist Fair play als ethisches Gebot, Sportlichkeit als ethische Verantwortung, Sportethik allgemein zum leeren Gerede geworden?

Aristokraten war der Sieg gleichgültig

Die offenkundigen Probleme, die der Sport heute mit der Fairneß hat, und die Frage nach deren gesellschaftlicher Bedeutung sind erst dann sachgerecht einzuschätzen und zu beantworten, wenn wir auch die Entstehungsgeschichte und sozialhistorische Verortung des Fairneßprinzips berücksichtigen. Deshalb ist eine sozialhistorische Analyse der Entstehung und Wandlungen der Fairneßform mehr als nur eine „gliederungsstrategische Pflichtübung". Nur wenn man die Wandlungsprozesse studiert, erkennt man, warum die Unfairneß im modernen Leistungs- oder besser „Erfolgs"-Sport systematisch anstieg. Dies erst ermöglicht auch eine angemessene Antwort auf die Frage von gezielten Änderungen des pädagogischen Handelns. Im folgenden gehen wir deshalb zunächst der Frage nach der Herkunft der Fairneß nach, um daran anschließend in einer sozialhistorischen, entwicklungsgeschichtlichen Analyse die Wandlungsprozesse der Fairneß aufzuzeigen.

Zunächst soll verdeutlicht werden, daß Mitglieder der englischen Mittel- und Oberschicht Werte und Normen der Fairneß „erfanden", daß die Fairneß zwar in der Antike, im Mittelalter und im frühneuzeitlichen England ihre Vorläufer hatte, im viktorianischen Zeitalter Englands jedoch erst ihre eigentliche inhaltliche Ausformung und Festlegung auf die Herstellung der Chancengleichheit, die freiwillige Unterwerfung unter die Regeln und die Achtung des Gegners als Partner im sportlichen Wettkampf erfuhr. Die englische „Freizeitschicht" betrieb im wesentlichen den sportlichen Wettkampf als reinen Selbstzweck. Der englische Adel veranstaltete auf den Schlössern Turniere, um seine Töchter „an den Mann zu bringen" und um die Zeit mit „sportlicher Lustbarkeit" totzuschlagen. Treffend bemerkt Menzel: „Einem Aristokraten war der Sieg gleichgültig, ja verdächtig. In der Presse — außer den Hofblättern — genannt und gerühmt zu werden galt als unfein." Es war sogar üblich, daß die besseren Spieler den schwächeren Punkte vorgaben, also ein Handikap in Kauf nahmen, um ihnen reelle Siegchancen einzuräumen. Diese Vorgabekonkurrenzen waren bis in die 20er Jahre dieses Jahrhunderts im internationalen Tennis weit verbreitet und beliebt. Das Ergebnis war weniger wichtig als das gemeinsame sportliche Handeln, der Weg wichtiger als der Sieg. Diese Einstellung scheint nur so lange realisierbar, wie Sport Selbstzweck bleibt. Aufgrund dieser Überlegungen und Einsichten führte die englische Oberschicht Amateurregeln ein. Da deren Einführung auch auf einen zentralen Punkt der Fairneßproblematik des heutigen Sports hinweist, lohnt sich an dieser Stelle ein kleiner Exkurs in die Entstehungszusammenhänge der Amateurregeln.

Von der amateurhaften „Liebe" zur Vulgarität der Verbissenheit

Der Ausdruck „Amateur" leitet sich von „amare" (= lat.: lieben) ab. Jedoch war dies stets ein Euphemismus. Im ursprünglichen Sinn dienten die Amateurregeln dazu, die Arbeiterklasse aus bestimmten Sportarten auszuschließen, um den Sport „sauber", sprich: fair, zu halten. Die Arbeiterklasse verstehe das Prinzip der Fairneß und des Gentleman-Sports nicht. Dunning und Sheard fassen die Prinzipien, die sich hinter diesem Amateurethos verbergen, zusammen:

„1. Sport wird als ‚Selbstzweck' einfach um des Vergnügens willen, das damit verbunden ist, betrieben. Damit korrespondiert die Verachtung von Einstellungen, die den Sieg um jeden Preis anstreben.

2. Selbstbeherrschung und vor allem die Zurückhaltung von Gefühlsausbrüchen bei Sieg und Niederlage.

3. Die Vorstellung des ‚Fair-Play', d. h. der Chancengleichheit zwischen den am Wettkampf beteiligten Seiten, verbunden mit der freiwilligen Unterwer-

fung unter die Regeln und einer ritterlichen Haltung, der ‚freundschaftlichen Rivalität' zwischen den Opponenten."

Gemäß diesem Ethos folgt der Sport im Idealfall allein dem Ziel, Spaß, Vergnügen und Freude zu bereiten.

„Ein solches Ethos drückt den Wohlstand und die Unabhängigkeit der Public-School-Elite aus, drückt aus, daß die Angehörigen dieser Schicht, die sich diese Muße leisten konnten, glaubten, sie könnten Sport hauptsächlich zum eigenen Vergnügen betreiben. Grundlegend für dieses Ethos war die strenge Unterscheidung von Arbeit und Muße. Professionalisierung, so glaubte man, würde aus dem Spiel, das Sport war, Arbeit machen und so sein Wesen zerstören. Es war zu logisch, daß die Public-School-Elite sich gegen Pokalwettbewerbe und Ligen aussprach. Dies würde eine zu ernste Haltung gegenüber dem Sport einnehmen, und der Sport würde gewalttätiger."

So zeigt auch die historische Entwicklung des Regelwerks im Fußballsport, wie stark Regelvereinbarungen und Rigidität bzw. Offenheit sozialer Kontrolle im Spiel voneinander abhängen. Die „Cambridge-Rules", die Vorläufer unserer heutigen Fußballregeln, waren auf die sozialen Haltungen der Ober- und Mittelschicht des viktorianischen Englands zugeschnitten. Die soziale Kontrolle über das Verhalten der Spieler übte einen wesentlichen Einfluß auf das Standesethos der Gentlemen und den Geist des Fair play aus. Bestimmungen über den Strafstoß, den Schiedsrichter bis hin zum Platzverweis fehlten völlig. Der Schiedsrichter als externe Kontrollinstanz zur Verschärfung der Sanktionen und der sozialen Kontrolle wurde nach McIntosh erst um 1870 nötig, als sich der Spielbetrieb auf die unteren Sozialschichten ausdehnte. So lassen sich die Entwicklung des Regelwerks, die Verschärfung der Sanktionen im Spiel deuten: Angesichts der sozialen Öffnung des Wettkampfsports für untere Schichten konnten nur festgelegte Regeln und zusätzliche externe Kontrollinstanzen die soziale Kontrolle gewährleisten. Bezogen auf die Fairneß, heißt dies aber: Dehnt man den Wettkampfbetrieb auf alle Sozialschichten aus, so verschärfen sich die Auseinandersetzungen — ernstere Kämpfe führen wiederum zu einer Aushöhlung, zu den noch zu beschreibenden und begründenden Wandlungen der Fairneß.

Bourdieu bringt die Wandlung des Sports auf den Punkt: „Vulgäre Verbissenheit des Siegens" und Siegenmüssens um jeden Preis ersetzt den „Willen zum Siegen gemäß vorgegebener Regeln" im Geiste der Fairneß. Treffend bemerkte auch der Präsident des Nationalen Olympischen Komitees für Deutschland, Willi Daume, in der olympischen Diskussion habe die Fairneßfrage die Diskussion um die Amateurregeln abgelöst, sie sei geradezu zur Zukunftsfrage des Sports avanciert. Mit der Aufweichung der Amateurbestimmungen gewann das Problem der Unfairneß an Dringlichkeit. Wird sportlicher Wettkampf nicht mehr als Selbstzweck betrieben, gilt gar der sportliche Erfolg als Mittel des Klassenkampfes, als Kanal zum sozialen oder wirtschaftlichen Aufstieg, als Demonstration der Überlegenheit eines politischen Systems, dann erweist sich das klassische Fairneßverständnis schlicht als untauglich. Es verlor — wie der Soziologe Eckert treffend bemerkt — seine soziale Basis.

Akzentverschiebungen: „faire Fouls"?

Verfolgt man die Entwicklung des modernen Sports, so lassen sich drei Entwicklungsschübe grob unterscheiden, die Gedanken und Inhalt der Fairneß wesentlich beeinflußten und zunehmend aufweichten:

1. beginnende Kommerzialisierung und Öffnung des Wettkampfsports für alle Sozialschichten Ende des 19./Beginn des 20. Jahrhunderts (Beginn des Feilschens um Handikaps, Einführung von Schiedsrichtern und Strafen): ein Aufweichen des informellen zum formellen Fair play (Verschieben des Akzents vom informellen zum formellen Fair play, vom „Geist" zu formellen Regeln);

2. Politisierung des Sports, vor allem seit den Olympischen Spielen 1936, nationale Aufwertung sportlicher Erfolge. Stärkerer Erfolgsdruck lastet auf den Athleten, Regelverletzungen im Interesse des Erfolges nehmen zu, werden gar als gerechtfertigt angesehen: Es beginnt ein Aufweichen des formellen Fair play (das informelle Fair play verliert, das sogenannte „taktische Foul" gewinnt an Bedeutung);

3. gesellschaftliche Aufwertung des Sports und sportlicher Erfolge mit Beginn der 60er Jahre (das „taktische Foul", die Rechtfertigung bewußter Regelverstöße im Interesse des sportlichen Erfolges, greift auch auf den nichtkommerziellen Wettkampfsport über; „sportlich" sein heißt „sportlich erfolgreich" sein: Das taktische Foul, gar das sogenannte „faire Foul" werden zunehmend zur Handlungsleitlinie erfolgsorientierten sportlichen Handelns. Der Akzent verschiebt sich vom formellen Fair play zur „technokratischen Moral" des „fairen Fouls": Der Erfolg heiligt die Mittel).

Wie wirken sich die Entwicklung des Sports hin zur Kommerzialisierung, zur Politisierung und gesellschaftlichen Aufwertung sowie die Wandlung des Sports vom Selbst- zum Fremdzweck auf die Bedeutung der Fairneß aus? Dies möchten wir anhand einiger Beispiele ausführlicher darstellen und diskutieren.

Aushöhlungen: Im Griff der Kommerzialisierung

Indem der Sport zunehmend aus der Privatheit aristokratischer Vergnügungen und Lustbarkeiten herauswuchs und öffentlich wurde, geriet er in den Bann kommerzieller Interessen und sozialer Aufstiegsambitionen von jungen Menschen aus sozial niederen Schichten. Am Beispiel des Rugby schildert dies Bourdieu: Bauern, untere Angestellte und Kleinhändler aus dem Südwesten Frankreichs konnten die Begeisterung der aus großbürgerlichen und adligen Kreisen stammenden Absolventen der englischen Public Schools bzw. deren französischer Nacheiferer der „Belle Époque" für die männlichen Kraftakte und den Teamgeist des Rugbyspiels nur nachvollziehen, wenn sie dieses Spiel für ihre Verhältnisse und ihr Verständnis von Sport uminterpretierten. So wurde denn aus der „manliness" und dem „teamspirit" des universitären Rugby ein Spiel, das gekennzeichnet war von einem Hang zur Gewalttätigkeit und einer „typisch proletarischen Opferbereitschaft", durch die sich besonders die Stürmer auszeichneten: „Um solche dem einstigen Sinn für ‚zweck-freies' Spiel und fair play diametral entgegenstehende Einstellungen richtig zu begreifen, darf man nicht vergessen, daß das, was für den Jugendlichen aus gutbürgerlichem Haus nahezu ein Unding ist: eine Sportlerkarriere (es sei denn, er wählte Tennis oder Golf), für die Heranwachsenden aus minderbemittelten Schichten dagegen eine der wenigen Chancen gesellschaftlichen Aufstiegs verkörpert ... in engem Zusammenhang mit einer expandierenden privat wie öffentlich kontrollierten Sportveranstaltungsindustrie." Mit der einsetzenden Kommerzialisierung wird deutlich, wie die soziale Öffnung des Wettkampfsports für untere Schichten dazu führt, daß Unterschichtsportler beginnen, den Wettkampfsport als Vehikel zum sozialen Aufstieg aufzufassen, und wie die Aushöhlung des Fair play einsetzt. Da die Heranwachsenden unterer Sozialschichten Sport nicht mehr als zweckfreies Spiel betrieben und wohl auch nicht betreiben konnten, taugten die Prinzipien der Fairneß als Grundsätze für Handeln und Erfolg nicht mehr. Mit dem Streben nach erhöhter „Leistungsbilanz" und sozialen und finanziellen Vergütungen wandelt sich das ursprünglich zweckfreie Spiel zum ernsten Wettkampf. Das höhlt das informelle Fair play aus. Sobald der Sport aus der Privatsphäre heraustritt, nicht mehr länger im Freizeit-, Vergnügungs- und Mußebereich der oberen Sozialschichten verhaftet bleibt, kann er nur noch bedingt dem Ideal des informellen Fair play gerecht werden. Seine Wandlung vom Selbst- zum Fremdzweck, vom Spaß zum Ernst, sein Heraustreten aus dem Lustgarten aristokratischer Vergnügungen hinein in die bürgerliche Welt zweckrationalen leistungs- und erfolgsorientierten Handelns führte zu ernstgemeinten Absprachen bzw. Verhandlungen. Bei Tennisturnieren feilschten nunmehr die besseren Spieler um die Handikaps. Den schwächeren Spielern sollten möglichst wenige Vorgaben und damit Siegeschancen eingeräumt werden. Um 1920 verschwinden diese Vorgabeturniere völlig aus dem internationalen Tennissport. Das informelle Fair play verliert allgemein an Bedeutung. Fairneß wird mehr und mehr auf das formelle Einhalten der Regeln reduziert. Es ist bezeichnend, daß Vorgaben und Handikaps heute im Tenissport nur noch bei freizeitsportlich orientierten, der Geselligkeit dienenden „Juxturnieren" (wo es also um nichts außer um Spaß geht) üblich sind.

Wie weit sich der heutige Wettkampfsport bereits vom ursprünglichen informellen Fairneßverständnis entfernt hat, wird am Beispiel des Daviscupreglements deutlich. Bei diesem internationalen Tennispokal werden geradezu „selbstverständlich" und durch das Reglement sanktioniert die Spielorte, Bodenbeläge und Turnierbälle von dem gastgebenden Verband danach ausgesucht, ob sie die Chancen des Gegners minimieren und die der eigenen Mannschaft maximieren. Um dem knallharten Aufschlag und der peitschenden Vorhand „unseres" Boris Becker zusätzliche Durchschlagskraft zu verleihen, nimmt der Deutsche Tennis-Bund bei Daviscupbegegnungen in der Bundesrepublik sogar in Kauf, daß die „Schnelligkeit" des Belages ein Spiel fast unmöglich macht, die Zuschauer kaum attraktive lange Ballwechsel, dafür aber ein wenig attraktives „Bum-Bum-Tennis" geboten bekommen. „Wir haben im Tennis den Spaß zugunsten des Geldes aufgegeben." Dieses Bekenntnis des ehemaligen Wimbledonsiegers Arthur Ashe beschreibt treffend die Wandlungen des Wettkampfsports.

Wie sehr und wie frühzeitig schon die Öffnung des Sports für alle sozialen Schichten und die beginnende Kommerzialisierung zur Aushöhlung des Fair play führten, verdeutlichen zwei Beispiele aus der Geschichte des Fußballsports. Um 1910 gab es im Lager der Arbeitersportler Bestrebungen, das Fußballspiel so abzuwandeln, daß es mit den Idealen des Arbeitersports in Einklang zu bringen war. Man wollte die Spieldauer auf eine Stunde beschränken, und die Spiele sollten nur noch „Gesellschaftsspiele" sein, bei denen nicht um Meisterschaftspunkte gekämpft wurde. So wollte man, schreibt Hauk, das Konkurrenzprinzip, übertriebenen Ehrgeiz und die Haltung des Siegens um jeden Preis begrenzen und statt dessen „ein faires und rücksichtsvolleres Verhalten der Spieler untereinander" ermöglichen. Gehrmann berichtet, daß 1923 im Westdeutschen Spielverband gar der Auf- und Abstiegsstreß abgeschafft wurde. Für zunächst zwei Jahre sollte ein Auf- und Abstiegsstopp für alle Spielklassen gelten. Der Verband begründete diesen Schritt mit der im „Fußballbetrieb eingerissenen Hektik, verursacht durch die unbegrenzte Geltung des Leistungsprinzips und vor allem erkennbar an der zunehmenden Härte und Erbitterung, mit der die meisten Spiele ausgetragen wurden". Mit dieser Maßnahme wollte man der zunehmenden Unfairneß gegensteuern. Bereits 1925 aber mußte die Sperre wegen sinkender Zuschauerzahlen wiederaufgehoben werden. Kommerzialisierung und Professionalisierung forderten ihren Tribut.

Mit der Kommerzialisierung des Wettkampfsports und den einsetzenden Verrohungen der Sitten auf Sportplätzen wandelte sich auch das Verhalten der Zuschauer, die zunehmend parteiischer wurden. Die allgemein aufkommende Unfairneß führte bereits in London 1908 und in den zwanziger Jahren dazu, daß das Olympische Komitee Fairneßappelle für Spieler,

Zuschauer und Presse ausgab. Der Spielausschuß der Turnkreise der Deutschen Turnerschaft erklärte das Jahr 1931 zum „Arbeitsjahr zur Erzielung ritterlicher Spielweise".

Fassen wir zusammen: Gegen Ende des vorigen Jahrhunderts drängt der Sport in alle Bevölkerungsschichten. Damit und durch die beginnende Kommerzialisierung und Professionalisierung des Sports werden ausgefeilte, detaillierte Regelwerke und deren Überwachung durch unparteiische Schiedsrichter erforderlich. Show und Erfolg drängen den Geist der Fairneß zurück, der Sport wird zunehmend zu einem gesellschaftlichen Ereignis, das immer mehr Zuschauer in die Stadien und Hallen lockt, die den Erfolg „ihrer" Mannschaften oder Athleten sehen und bejubeln wollen. Schnell finden sich auch Geschäftsleute, die als Sponsoren und Mäzene die Sportler unterstützen. Wirtschaftliche Interessen verdrängen das zweckfreie sportliche Handeln. (Max Schmeling beispielsweise kassierte für seinen Weltmeisterschaftskampf bereits Anfang der 30er Jahre eine Million Mark, eine für die damalige Zeit unvorstellbar große Summe.) Die Reize des Geldes und des sozialen Aufstiegs verdrängen den Geist des informellen Fair play. Der Sport wird gesellschaftsfähig, sozial aufgewertet und schließlich zum politisch interessanten Identifikationsbereich.

Aushöhlungen: Im Griff der Politik

Schon im Gefolge der Olympischen Spiele von 1908 und 1924 gab es politisch motivierte Ausbrüche der „Volksseele". Vor allem aber seit den Olympischen Spielen 1936 setzte verstärkt und stetig wachsend die

Politisierung des Sports ein und beschleunigte die Aushöhlung des Fair play. Internationale Wettkämpfe wurden nun zur nationalen Repräsentation genutzt, Athleten durch staatliche Subventionen, durch offene oder verdeckte staatliche Absicherungen gefördert. Auch heute noch gängelt vielfach die Politik den Sport, mißbraucht sportliche Erfolge für politische Interessen. Der Sport ist frei, aber „die Politik hält ihn fest am Kragen", ironisierte Willi Daume einst. Die Gängelung erreichte unter den Nationalsozialisten ihren ersten Höhepunkt. Sie fand weitere Zuspitzungen in den politisch motivierten Boykotts der Olympischen Spiele von 1976 in Montreal (durch die schwarzafrikanischen Staaten), 1980 in Moskau (die Mehrheit der westlichen Olympiamannschaften blieb fern) und 1984 in Los Angeles (Boykott durch Ostblocksportler). Mit der Politisierung des Sports geht ein beschleunigter Abbau des Fair play einher, da der Erfolg zum angeblichen Gradmesser der wirtschaftlichen und sozialen Überlegenheit eines politischen Systems hochstilisiert wird. Der kalte Krieg zwischen den politischen Machtblöcken findet gleichsam seine Fortsetzung auf sportlicher Bühne. Junge aufstrebende Nationen der dritten Welt suchen ihre nationale Identität durch Erfolge ihrer Athleten bei internationalen Sportfesten zu untermauern. Dies gilt selbst für die entwickelten Industriestaaten.

So bekannte der damalige Bundesinnenminister Friedrich Zimmermann nach dem schlechten Abschneiden bundesdeutscher Athleten bei der Leichtathletikmeisterschaft von 1987 offen: „Es ist für die Geltung eines Staates in seinen internationalen Beziehungen bei der großen Bedeutung, die der Sport in der ganzen Welt spielt, von einer beträchtlichen Wichtigkeit, daß man auch dort erfolgreich ist."

Die Politisierung des Sports verschärft sich, wenn internationale Sportwettkämpfe zur Fortsetzung des kalten Krieges zwischen Ost und West geraten. Die vom Ostblock (von der DDR am konsequentesten) sportpolitisch betriebene und fast ungebremste, kompromißlose sportliche Aufrüstung und Herausforderung wurde vom Westen angenommen — mit der Konsequenz, daß jegliche sportliche Moral mit dem Blockdenken zu versanden droht. Angesichts der Dopingereignisse bei den Olympischen Spielen in Seoul geben die Aussagen zweier Olympiaärzte nach den Olympischen Spielen 1976 in Montreal zu denken. „Es ist geradezu unmenschlich, einem Sportler nach jahrelangem Training im entscheidenden Augenblick die Hilfe zu verweigern und damit seine Niederlage gegen die hormongeladene Ostblockkonkurrenz zu besiegeln", meinte Prof. Dr. Josef Keul, seit 1976 Olympiaarzt der bundesdeutschen Equipe. Noch deutlicher äußerte sich sein Kollege Philippi: „Man muß im Sport-Krieg ja sagen, will man nicht im Hochleistungssport von den Ländern des Ostblocks lächerlich gemacht werden."
So wird Spitzensport zum Instrument blockpolitischer sowie marktwirtschaftlicher Interessenballungen.

Die nichtgedopte Diskus-Liesel
und der Oberfunktionär

Die einst erfolgreiche Diskuswerferin Liesel Westermann sprach davon, daß an diesem „Punkt der Reiz des Abenteuers Leistungssport" verblasse. An seine

Stelle sei die „nackte Brutalität eines Existenzkampfes um die Leistung um der Leistung willen" getreten. So verwundert es denn auch nicht, daß der „Diskus-Liesel", als sie sich beklagte, daß die vom Deutschen Leichtathletikverband gesetzte Norm zur Teilnahme an den Olympischen Spielen in Montreal nur durch Einnahme von Anabolika zu schaffen sei, von einem verantwortlichen Verbandsfunktionär nur lapidar vorgehalten wurde, daß sie, wenn sie keine Anabolika nehme, selbst daran schuld sei, daß sie die Olympianorm nicht schaffe. Der Präsident des deutschen und des internationalen Sportärzteverbandes, Prof. Dr. Wildor Hollmann, diagnostizierte entsprechend, der olympische Geist habe sich vom „amateriellen leistungsbezogenen Handeln im Sinne des Fair play zum gewinnorientierten, leistungsbezogenen, muskulären Handeln unter Einsatz von Gesundheit und Moral" gewandelt. Der Erfolgsdruck auf die Athleten wird immer stärker. Dies veranschaulicht der Dopingfall des jahrelang gedopten, fit und stärker gespritzten Sprinters Ben Johnson bei den Olympischen Spielen in Seoul in kaum zu überbietender Drastik. Weniger das Dopingvergehen Ben Johnsons ist der Skandal, sondern vielmehr die Heuchelei vieler Medienvertreter, des IOC, der internationalen Fachverbände, Funktionäre und einiger Sportler, die wußten, daß Ben Johnson eher als ein Opfer der strukturellen Bedingungen des heutigen Höchstleistungssports zu sehen ist. So meinte denn auch die hannoversche Olympiateilnehmerin im Schwimmen Christiane Pielke dazu: „Doping spielt doch in jedem Sport und bei jedem Sportler eine Rolle. Ben Johnson hat sich nur erwischen lassen, und das kann ich nicht verstehen." Regelverletzungen im Interesse des Erfolges nehmen zu; man rechtfertigt sie neuerdings durch Argumente wie Chancengleichheit, Verfügungsfreiheit („Mein Körper gehört mir") und Höchstleistung. Das formelle Fair play weicht einer „technokratischen Moral", bei der der Erfolg die Mittel heiligt, wie der finnische Sportsoziologe Heinilä treffend bemerkt.

Statt herkulischer Leistung nun faustische Tragik?

Schon lange vor dem Johnson-Fall in Seoul versuchten Sportwissenschaftler das Anabolikadoping zu beurteilen: Der bekannte amerikanische Sportphilosoph Earle Zeigler meinte 1985, wenn der Athlet bewußt anabole Steroide um neuer Rekorde willen einnehme, so „begegnen wir einem ähnlichen Dilemma" wie bei entsprechenden Alltagsproblemen: „Das ist es, was dem Leben einen tragischen Sinn gibt, jedesmal, wenn es — das Dilemma (Hinzufügung v. Vf.) — eintritt!" Das ist es, die diabolischen Metabolismen der Anabolika — und die Dilemmata! Müssen wir uns damit abfinden — und wird der Athlet abgefunden mit seinem Teil, den er zu zahlen hat: vielleicht dem Preis, dem Risiko des Erwischtwerdens und der möglichen Gesundheitsgefährdung? (Oder handelt es sich nur um „ein Problem der Dummen", die sich verrechnen und erwischen lassen, wie der IOC-Sportdirektor Walther Tröger — laut Spiegel 40/1988 — zynisch formulierte?) Hat der Höchstleistungssport eine faustische Dimension erreicht? Faust verpfändete seine Seele für Erkenntnis, für den Erfolg setzt der Athlet seinen Körper, seine Moral und Ehrlichkeit aufs „Spiel". Löste ein erfolgsverfremdeter Faust den traditionellen Halbgott des Sports, Herkules, als dessen Leitfigur ab? Oder ein gefesselter Prometheus? Statt herkulischer Leistung nun prometheische Scham (Günther Anders) und faustische Tragik?

Die Betulichkeit der Tragik-These wird noch übertroffen durch die naive Hoffnung Zeiglers, die Entwicklung eines internationalen Ehrenkodex, die interkulturelle Anwendung eines Modells „angewandter Ethik" und die Gründung eines „internationalen Gerichts der Sportgerechtigkeit" reichten zur Lösung der Probleme aus.

„Fair" heißt nicht verletzen?

Zwei weitere wichtige Einschnitte verstärken diesen Trend: die gesellschaftliche Aufwertung nicht nur sportlicher Erfolge, sondern des Sports, der Sportlichkeit schlechthin, und die Inszenierung sportlicher Ereignisse zum großen Medienspektakel. Im Telezirkus der elektronischen Medien schaukelt sich der Wirkungszwang hoch, führt zu weiterer Kommerzialisierung, Professionalisierung und Vermarktung des Sports, zu neuen exotischen Blüten der Versportlichung von Nachfrage und Leistungsdruck. Angesichts der überwertigen Scheinbedeutsamkeit sportlicher Erfolge, der hohen sozialen wie finanziellen Privilegien und Vergütungen erfolgreicher Spitzensportler verwundert es nicht, daß das traditionelle informelle und selbst das formelle Fairneßverständnis zunehmend dem „fairen Foul" und dem Erfolg um jeden Preis weichen — so sehr, daß sich rein erfolgsorientierte Sportler(innen) eine eigene, den strukturellen Bedingungen des heutigen Leistungssports angemessene, angepaßte Fairneßdefinition zurechtschustern. Fairneß wird eingeschränkt auf die Absicht, ernsthafte Verletzungen zu vermeiden. Sie wird zur Frage, ob es mir die Spielsituation erlaubt, ob ich es mir leisten kann, „fair" zu spielen, oder ob der Schiedsrichter es zuläßt. „Fairneß ist, den Gegner nicht zu verletzen", so ein 23jähriger Fußballspieler. „Ich glaube, das hält sich immer die Waage, das kommt darauf an. Mal hat man ein Spiel und so, da hat man einen Gegenspieler, mit dem man also ganz gut fertig wird, und manchmal hat man einen Gegenspieler, der wirklich unheimlich gut ist, und da versucht man schon einmal so ein paar Kleinigkeiten zu machen, daß man auch mal die Oberhand behält" (Originalton eines Interviews mit dem Fußballprofi Detlef Olaidotter von den Stuttgarter Kickers auf die Frage, ob er selbst oft unfair handle). Fouls also eine Sache der Situationsanpassung? In weiser Selbsterkenntnis und erstaunlich selbstkritisch hat der Betreuer und Trainer der Sieger des Fair-Play-Cups, den der Niedersächsische Fußballverband und die Niedersächsische Milchwirtschaft für C-Jugend-Bezirksligamannschaften ausgelobt haben, zugestanden, daß es ihnen leichtgefallen sei, fair zu sein, da sie in ihrer Liga haushoch überlegen waren. Ein anderer Trainer hat seiner Mannschaft bewußt vorenthalten, daß sie am Fair-Play-Cup teilnehmen, da er befürchtete, seine Spieler, die noch reelle Chancen auf die Bezirksligameisterschaft hatten, würden das eine oder andere Mal das Bein zurückziehen und so die Meisterschaft der Fairneß opfern. „Wenn ich regelentsprechend spielen würde und nicht jemand am Trikot festhalten, der vorm Tor steht, dann wär's natürlich mein Fehler", meinte Holger Dahl, ein A-Jugend-Fußballspieler von Eintracht Frankfurt. Nicht foul zu spielen — heute eine (meist minder läßliche) Sünde?

„Angolin (dem Schiedsrichter der Begegnung) war es anzulasten, daß das Duell, auf den Eintrittskarten als freundschaftliches Länderspiel angekündigt, schon früh durch häßliche und überflüssige Fouls geprägt wurde" (Bericht über das Fußball-Länderspiel Österreich gegen Deutschland). Gibt es gar notwendige (Not wendende) Fouls im Gegensatz zu den „überflüssigen"?

„Fair" heißt sich entschuldigen?

„Jeder Akt einer ehrlichen Entschuldigung oder des Bedauerns nach einem Foul bedeutet Fair play", so äußerte sich Manfred Freisler, ein Handballnationalspieler. Entschuldige dich nur, und alles ist erlaubt? „Wenn sie dich foulen, und sie kommen dann zu dir her und sagen: ‚Eh, tut mir leid, Entschuldigung', das find' ich dann, daß das sehr fair ist", bekannte Sylvia Schmidt, eine Handballnationalspielerin. Entschuldigt die Entschuldigung fast alles?
Durch einseitige Berichterstattung tragen auch Sportjournalisten dazu bei, daß sich die Haltung des „fairen Fouls" und die technokratische Scheinmoral des Siegens um jeden Preis weiter verfestigen und das formelle Fair play überlagern.

Friedensnobelpreis?

„In einer Partie, die erfreulich fair war — es gab nur drei gelbe Karten, aber kaum unschöne Szenen, wenngleich die Freiburger und die Aachener zwischendurch den Einsatz übertrieben —, blieb die Partie jederzeit im Rahmen" (Reportage Hans-Reinhard Scheu). „Es fehlte der letzte Schuß an Aggressivität, so ein Schuß Killerinstinkt, sie spielten nicht aggressiv genug, die Sturmspitzen spielten so, als wollten sie für den Friedensnobelpreis vorgeschlagen werden" (Reportage von Jörg Wontorra, den man ob dieser Formulierung für einen Sportreporterpreis vorschlagen sollte). Diese Beispiele verdeutlichen eindrucksvoll, wie weit der heutige Wettkampfsport sich vom Ideal des formellen und erst recht vom informellen Fair play entfernt hat. Daß bei der Bestimmung auf diese Erfolgs-„Moral" auch die Trainer eine nichtunerhebliche Rolle spielen, sei nur durch eine Aussage von Erfolgstrainer Udo Lattek belegt: „Ich habe meinen Spielern immer das Beispiel erzählt: Bei dir zu Hause tritt einer die Tür ein, schmeißt deine Frau raus, geht an deinen Kühlschrank und trinkt dein Bier weg. Was machst du dann? Und meine Spieler haben gesagt: Dem hau ich aufs Maul. Dann habe ich ihnen gesagt: Dann mach es auch im Spiel so, laß dir nicht die Prämie klauen" (Sportbild 31. 8. 1988). Udo Lattek pflegte gar seine Mannschaft auf den Gegner „heiß" zu machen, indem er ihr unmittelbar vor dem Spiel Brutalovideos vorspielen ließ, zur „Erzeugung von Aggression, damit der Gegner vor lauter Angst den Schwanz einzieht", so Michael Rummenigge, der vor seinem Wechsel zu Borussia Dortmund durch die Schule von Udo Lattek gegangen ist, in seinem Büchlein „Profi".

Wie ein roter Faden zieht sich das Problem der absoluten Erfolgsorientierung durch die Geschichte des Fair play oder — genauer — des Foul play. Dahinter stehen die Überbewertung des Sieges, geradezu eine Singulärsiegerorientierung, der wachsende Konkurrenz- und Erfolgsdruck — dies alles nicht zuletzt aufgrund der gesellschaftlichen Aufwertung oder gar Überbewertung des Sports und sportlicher Erfolge. Kommerzialisierung, Professionalisierung, Politisierung und Medienprominenz des Sports liefern dabei das Schmieröl im Eskalationsprozeß der Unfairneß. So verwundert es nicht, daß wir zunehmend eine deutliche Normverschiebung bei Athleten feststellen: Zwischen ihnen entsteht immer mehr ein Konsens über die Zulässigkeit von Regelverletzungen im Interesse des übergeordneten Erfolgszieles. Dabei werden diese Handlungen einerseits mit „verniedlichenden", das Gewissen beruhigenden Begriffen wie ‚taktischen' oder ‚fairen Fouls' umschrieben. Es zeichnet sich sogar die Tendenz in Sportlerkreisen und bei Sportfunktionären ab, diese Regelverletzungen nicht mehr unter der Rubrik ‚Unfairneß' einzuordnen, da sie ja dem gesunden Menschenverstand der Sportler entsprächen. Doch der „gesunde Menschenverstand", witzelte man bereits vor Jahren, müßte dringend in die Kategorie der unheilbaren Krankheiten eingeordnet werden: Treiben nicht die erwähnten Prozesse der Kommerzialisierung, Professionalisierung, Singulärsiegerorientierung, Telekratisierung und die gesellschaftliche Aufwertung sportlicher Erfolge das letzte „bißchen Fairneß" in den verhängnisvollen Strudel von Erfolgsdruck und -zwang, auf Kosten von Gesundheit und Moral?

Fair play als Luxus?

Fairneß wird so zu einem kostbaren Gut, das immer seltener zur Geltung kommt, sondern offenbar zum demonstrativen Luxus degeneriert. Fairneß ist somit nicht mehr Frage einer Geisteshaltung, sondern wird zur Frage der Opportunität: In welcher Situation kann ich es mir erlauben, fair zu sein? Fair play scheint nur noch dann zu existieren, wenn es um nichts mehr geht. So schoß Arne Lars Oekland, Stürmer von Bayer Leverkusen, in einem Spiel gegen Bayern München beim Stand von 3:0 kurz vor Schluß den Ball an das Außennetz. Der Schiedsrichter entschied auf Tor. Doch Oekland, der zuvor alle drei Tore geschossen hatte, ging, nachdem er sich hatte feiern lassen und der Ball zum Wiederanstoß an der Mittellinie lag, zum Schiedsrichter und korrigierte ihn. Beim Stande von 1:0, so Oekland später, hätte er dies nicht getan, gar nicht zu reden von seinem eventuellen Verhalten bei einem Spielstande von 0:1!

Nicht nur in den kampfbetonten Sportarten gehören die bewußten Regelverstöße zur Tagesordnung; diese Entwicklung hat alle Sportarten erfaßt. Erlernt wird diese Einstellung bereits in frühester Jugend. Allzu ehrgeizige Eltern trimmen ihre Kinder frühzeitig auf Erfolg. Aus Spaß und Spiel werden Ernst und Kampf. Schon in frühester Jugend *muß* man gewinnen. Nur der Sieger wird belohnt. Man lernt nicht mehr, Niederlagen zu ertragen. Wen wundert es, daß selbst Kinder unter diesem Druck oft an die Grenze ihrer Leistungsfähigkeit kommen oder diese gar überschreiten? Natürlich zeigt der von außen an die Jugendlichen herangetragene Erfolgsdruck auch Wirkungen auf das Fair play. Trainer und Funktionäre, (mit)verantwortlich für Erfolge oder Niederlagen gemacht, setzen schon frühzeitig auf Disziplin und Härte. Befragungen von jugendlichen Fußballspielern bestätigen dies: Mit 15 Jahren betrachten immerhin noch 40% der englischen Fußballspieler das Einhalten des Fair play als wichtigstes Ziel des sportlichen Wettkampfes. Mit zunehmendem Alter weicht die Fairneß dem Erfolgsdruck: Unter den 18-jährigen Fußballspielern achten nur 22 % die Fairneß als höchsten Wert; dagegen halten 44 % den Versuch, möglichst viele Vorteile für die eigene Mannschaft zu erzielen, für das oberste Gebot und das wichtigste Ziel.

Die Schule der (Un-) Fairneß?

Eine Befragung aller C-Jugend-Bezirksligafußball-spieler Niedersachsens zeigte: Als entscheidend für die Frage, welches Fairneßverständnis bei diesen 12- bis 13jährigen Jugendlichen vorherrscht, erwies sich weder das angestrebte Leistungsziel noch die Position in der Mannschaft, sondern allein die Frage, wie lange sie schon im Verein Fußball spielen! Je länger die Jugendlichen im Verein aktiv sind, desto schwächer ausgeprägt ist ihr Verständnis der informellen Fairneß, desto eher sind sie bereit, Regelverstöße im Interesse des Erfolges nicht nur zu akzeptieren, sondern sie nicht mehr als „unfair" zu bezeichnen. Im Laufe ihrer leistungssportlichen Entwicklung lernen Jugendliche, immer ausdrücklicher das Gebot des Erfolges über das Fairneßprinzip zu stellen. Der Verein als wichtige „Schule" für absolute Erfolgs-moral und Unfairneß? Es scheint in der Tat so, als erziehe auch der Wettkampf im Vereinssport immer weniger zu Fairneß und Kameradschaft, sondern eher zu Unfairneß und uneingeschränktem Erfolgs- und Konkurrenzdenken. Der Sport hat sich an die Normen und Werte der ihn umgebenden Leistungs-gesellschaft, genauer der Erfolgsgesellschaft, ange-paßt.

Wer aber nur die Unfairneß im heutigen Sport beklagt, wer friedliche Konfliktlösungen, informelles wie formelles Fair play vermißt, sollte sich die gesellschaftliche Bedingtheit sportlicher Unfairneß bewußt machen. Es erscheint als Anachronismus, wenn das Internationale Olympische Komitee einerseits die Amateurregeln aushöhlt und die totale Öffnung, Kommerzialisierung und Professionalisierung der Olympischen Spiele betreibt — der IOC-Präsident Samaranch preist diese Strategie gar als sein größtes Verdienst im Kampf ums Überleben der olympischen Idee — und im gleichen Atemzug sich vehement gegen jedwede Manipulation, gegen Doping und Gewalt im Sport wendet, den Auswüchsen des modernen Hochleistungssports den Kampf ansagt und das Fair play als unverzichtbares olympisches Ideal einklagt. Solange es für den einzelnen, die Mannschaft und die Nation nur noch um Medaillen geht, solange mit sportlichen Erfolgen hohe finanzielle Belohnungen, mit Niederlagen ebenso hohe finanzielle Verluste verbunden sind, so lange wird der sportliche Ehrgeiz ganz oben auf dem olympischen Podest stehen.

Nur der Erfolg wird gefördert

Dazu paßt durchaus, daß dieselben Repräsentanten und Institutionen, die mehr Fairneß einklagen und gewillt sind, stärker gegen den Dopingmißbrauch vorzugehen, nach Seoul eindeutig plädierten, die Zahl der zu fördernden Athleten herunterzuschrauben — nach dem Prinzip: ,,Nur Leistung wird honoriert." Wer hat, dem wird gegeben: ein anderer Matthäus-Effekt (von dem berühmten Wissenschaftssoziologen Robert K. Merton so genannt für die Usancen der Wissenschaftsförderung). Entsprechend wurde in den jüngsten Förderungsrichtlinien des Bundesinnenministeriums dem Nationalen Olympischen Komitee für Deutschland und dem Deutschen Sportbund avisiert, nur noch Athlet(inn)en mit internationalen Spitzenleistungen dürften künftig mit einer staatlichen Förderung rechnen. Angesichts der allgemein verschärften Dopingbestimmungen und -kontrollen hat diese Regelung bereits bei einigen Athleten dazu geführt, daß sie aus der Förderung herausgefallen, vom sog. A- in den B-Kader abgestiegen sind. Diese Entwicklung treibt manche Athleten, wollen sie international erfolgreich sein und vom Verteilungskuchen finanzieller Gratifikationen noch ein Stück abbekommen, zur Spaltung der Moral in eine zum Teil (un-)heimliche Erfolgsmoral und eine öffentliche Moral der Lippenbekenntnisse. Eine Spaltung, die auch und vor allem bei Organisatoren, Managern, Offiziellen und Betreuern festzustellen ist und in der erwähnten Doppelzüngigkeit oberflächlich bemäntelt wird.

Es hilft wenig, pure Fairneß einzuklagen, zur Fairneßerziehung aufzurufen, wenn nicht gleichzeitig die wirklichen Ursachen und strukturellen Bedingungen der Unfairneß mit in die Überlegungen und Änderungsbemühungen einbezogen werden. Im folgenden wollen wir deshalb die unterschiedlichen Ansätze, Initiativen und Bemühungen des organisierten Sports um mehr Fairneß einer kritischen Betrachtung unterziehen. Handelt es sich um ernst und ehrlich gemeinte Bemühungen oder nur um Augenwischerei? Finden sich Ansätze einer grundlegenden Änderung des Erfolgs- und Leistungsdenkens, einer Moderierung der absoluten Erfolgsmoral im Sport oder nur halbherzige Alibi- und offensive Ablenkungsmanöver? Sind es gar nur geschickt eingefädelte Vermarktungssstrategien eines Prinzips Fairneß, dessen Ansehen zwar den besonderen Werbewert des Sports ausmacht, aber längst nicht mehr existiert? Obsiegt die Imagemanipulation? Degeneriert Fair play zum Marketingwert, mit dem sich besonders gut für eigene Produkte werben läßt, wie der Soziologe Heinemann vermutet? Sind also Fairplay-Kampagnen weniger darauf angelegt, Bedingungen für die Verwirklichung des Prinzips Fairneß zu schaffen, als vielmehr nur darauf, der Öffentlichkeit deutlich zu machen, wie gut der Sport ist (oder doch sein möchte), um dann dieses Image gewinnbringend zu vermarkten? Befindet sich die Fairneßpolitik schon auf dem Weg zum Marketing der Industrie?

Institutionelle Verantwortlichkeit

Traditionell beziehen sich universalmoralische Regeln und ethische Begründungen nahezu ausschließlich auf Leben und Handeln von Individuen. In unserer komplexen und hochvernetzten Industriegesellschaft treten demgegenüber heutzutage aber in immer stärkerem Ausmaß Phänomene des kollektiven Handelns und der institutionellen Verantwortungen auf, die zu einer Erweiterung der Arten von Verantwortlichkeit führen. Zumindest muß man unterschiedliche Typen und Begriffe von Verantwortung kennzeichnen, die fallweise sogar miteinander im Konflikt stehen oder sich überschneiden. Verantwortungskonflikte zwischen moralischen Pflichten und Rollenanforderungen sind typisch dort, wo jemand besondere Aufgaben in einem spezifizierten Bereich übernimmt und Vorgesetzten verantwortlich ist. Handlungsverantwortung im unmittelbaren Kontakt, aber auch durch indirekt vermittelte Wirkungsketten ist von der formellen Aufgaben- und Rollenverantwortung zu unterscheiden. Ebenfalls sind rechtliche und moralische Verantwortlichkeiten gesondert zu erkennen, zu behandeln und auf die Handlungs- und Rollenverantwortlichkeiten zu beziehen. Dies kann im einzelnen hier nicht vertieft werden (vgl. dazu etwa Lenk 1987a).

Für unseren Zusammenhang ist besonders interessant, daß Führungsverantwortung und institutionelle Verantwortung in Organisationen zu der Frage Anlaß geben, ob kollektive oder institutionelle Verantwortlichkeiten existieren, die einer Institution als solcher zukommen. Dies ist eine höchst aktuelle Diskussion in den Vereinigten Staaten, die bisher auf Europa noch nicht übergegriffen hat: Manche Sozialphilosophen wie Peter French meinen, daß Institutionen geradezu moralische Persönlichkeiten seien, die moralisch verantwortlich gemacht werden könnten. Man sollte unseres Erachtens nicht so weit gehen, den Personenbegriff auf Institutionen anzuwenden; jedoch erscheint das Problem einer institutionellen Verantwortung von Organisationen und Korporationen zu entsprechenden neuen Typen der Verantwortlichkeit zu führen. Nur so können rechtliche und moralische Verantwortlichkeiten weiterhin sinnvoll an eine Institution gerichtet werden, wenn diese etwa ihre Vorstände oder die ausführenden Rollenträger gewechselt haben sollte. Dabei geht es nicht darum, persönliche Rollenverantwortung, zumal moralische Verantwortung, durch kollektive Verantwortlichkeiten zu ersetzen. (Wenn das Kollektiv verantwortlich ist, scheint der einzelne Handelnde nicht mehr voll verantwortlich zu sein — dies jedoch ist nicht der Fall, schon nicht im Parlament.) Nach Möglichkeit müssen institutionelle Verantwortlichkeiten wie alle Gruppenverantwortungen auf die persönliche Verantwortung der Mitverantwortlichen bezogen werden, selbst wenn sie nicht restlos in diese aufgelöst werden können. Es ist daher unmißverständlicher, von „Mitverantwortung" in Institutionen und von „institutioneller Verantwortung" als von „kollektiver Verantwortlichkeit" zu sprechen. Die Gesichtspunkte der institutionellen Verantwortung in Organisationen, der Mitverantwortung und der sozialen Verantwortlichkeiten werden künftig eine um so bedeutendere Rolle spielen, je mehr Organisationen und Verbände durch ihr institutionelles Handeln das Leben in der modernen Gesellschaft prägen.

Im Zusammenhang mit der Verantwortungsdebatte im Sport bedeutet dies, daß die Fragen sozialer Verantwortung der Institutionen stärker hervortreten dürften, also die Verbände des Sports und der Sportjournalistik stärker als bisher mit Fragen der Verantwortlichkeit konfrontiert werden. Je mehr strukturelle und systemhafte Bedingungen und soziale Konstellationen Bedeutung gewinnen, desto mehr wird die ethische Diskussion über die Verantwortung von Verbänden und anderen Institutionen gefordert sein. Dies bedeutet nicht, daß der einzelne Handelnde in gewisser Weise — auch wenn er als Rollenträger agiert — etwas von seiner Handlungs-, Rollen- oder moralischen Verantwortung verlieren würde. Es bedeutet aber, daß zusätzliche Gesichtspunkte sozialer und moralischer Verantwortlichkeit für die Institutionen und deren prominente Rollenträger hinzukommen.

Für die Fairneßdiskussion bedeutet das zu fragen: Kann weiterhin nur der jeweilige einzelne — der Athlet, der Trainer, der Offizielle, der Journalist, der Vorsitzende — allein verantwortlich gemacht werden? Oder gibt es übergreifende institutionelle Verantwortlichkeiten der Verbände für systemhafte Zusammenhänge und institutionelle Handlungen, die weit über die Möglichkeiten des Einzelakteurs hinausgehen, ja, unter Umständen diesen in eine paradoxe Konfliktsituation zwingen? Die Doppelmoral des öffentlich verurteilten, insgeheim geförderten Dopings, des vom Publikum sogar von der Presse geforderten, von Trainern insgeheim gelehrten, aber nach außen scheinheilig abgelehnten „taktischen Fouls", der Notbremsenmoral im Fußball und Handball, zeigt, daß der einzelne Handelnde zwischen zwei Lagern in eine konfliktartige Dilemmasituation gerät. Soll er nun ethisch und moralisch wie Buridans Esel zwischen den zwei Heuhaufen verhungern?

Befinden sich Hochleistungsathleten im Sport, Entscheidungshandelnde in Institutionen allgemein in solchen Zwangssituationen zwischen unterschiedlichen moralischen Fronten? Kann man dem Einzelakteur nach wie vor alle Verantwortlichkeit zuschieben, wenn strukturelle Bedingungen ihn in das Dilemma gebracht haben? Kann man mit der Entwicklung einer Doppelmoral des öffentlichen lippendienstlichen Wohlverhaltens und der heimlichen konsequenten Erfolgsmaximierung wirklich und wirksam solchen Dilemmasituationen entgehen (s. a. u. S. 91)? Wenn jeder heimlich von der Verletzung einer sinnvollen, allgemeinen Norm wie der Fairneßregel zu profitieren versucht, löst sich die Gültigkeit dieser Norm auf: Regel(ungs)wirksamkeit und Moral verfallen. Die Dynamik des Dilemmas führt zum Verfall. Verfällt aber die Regelbefolgung so weit, daß Regelbrechen zur Regel wird, dann ist jede Regel ineffizient und sinnlos.

Geraten deshalb Sportler, Politiker, Wirtschaftler, die sich an faire Regeln der Auseinandersetzung in der Konkurrenz halten (verdeckte Tricks scheuen und Foulspiel verabscheuen), nicht nur ins Hintertreffen, sondern in die soziale Konstellation eines tragischen Dilemmas von der Struktur der selbstzerstörerischen Systemdynamik? Normverletzungen, die für den Übertretenden profitabel sind, nicht zu Ahndungen, abschreckenden Strafen oder Ausgleichsentschädigungen führen, die aber denjenigen, der sich brav an die Regel hält, benachteiligen, erzeugen — geradezu zwangsläufig — Nachahmer: Nichtgeahndete Regelverletzungen eskalieren im Sinne einer positiven Rückkoppelung, wenn sie den Verletzer systematisch besserstellen und nicht kontrolliert werden. Es entwickelt sich eine Dynamik der Selbstzerstörung des sozialen Systems. Allenfalls bleibt der Schein der Normeinhaltung an der Oberfläche gewahrt, unterschwellig herrscht das Gesetz der Vorteilsmaximierung bis hin zur Regelanarchie.

Haben Wirtschaft, Politik und Hochleistungssport — oder auch andere Konkurrenzen, etwa im Wettbewerb der Wissenschaftler um Stellen und Aufstieg — diesen Zustand bereits erreicht? Wird die Norm sozusagen nur noch als leere Hülle verbal beschworen, während die Realität insgeheim ganz anderen Gesetzen folgt? Fragen, die der eingehenden Klärung bedürfen. Jedenfalls lassen sich die Probleme des fairen Umgangs mit Regeln in den meisten Institutionen der Auszeichnungskonkurrenz nicht mehr allein im Blick auf das Individuum und seine Verantwortlichkeit lösen. Es handelt sich um strukturelle soziale Problemkonstellationen, die ihre eigene, nur sozial zu erfassende Dynamik entfalten.

Probleme von Fairneß und Chancengleichheit in der Konkurrenz sind typische Probleme solcher Art, die nicht mehr bloß individualistisch behandelt werden können. Maßnahmen, die nur den einzelnen Akteur verantwortlich machen, erweisen sich als Alibistrategien. Marketing- und Werbungsaktionen von rein appellativem Charakter können allenfalls auf das Problem aufmerksam machen, dieses ins Bewußtsein der Öffentlichkeit und aller Beteiligten rufen, aber nicht die strukturelle Dynamik der Doppelzwangssituation lösen, die unverändert bleibt. Die Folge einer kompromißlosen Wahrnehmung des eigenen Vorteils um nahezu jeden Preis, nötigenfalls auch mit unfairen Mitteln, ist: Zwischen verschärftem Erfolgsdruck und hehren Fairneßidealen hin und her gerissen, bleibt, wenn nur noch der Erfolg zählt, der gutwillige Akteur mit seinen Idealen auf der Strecke und wird zudem als unverbesserlicher Idealist, Amateur oder Dummkopf u. ä. verhöhnt. Wer möchte da noch ein „nice guy" bleiben nach dem Motto „Nice guys finish last"?

Harte Bandagen

Ein neuernannter Industriedirektor — es ist noch nicht lange her — sagte: „Es ist mir in letzter Zeit vorgeworfen worden, ich hätte an die Ellenbogen Sporen geschnallt. Die ich dabei verletzt habe, bitte ich, nach Erreichung meiner Ziele, nachträglich um Entschuldigung." Ist dies der Ausdruck der neuen Ellenbogengesellschaft-Mentalität in Wirtschaft und

Beruf? Ein neues Fairneßverständnis? Es entspräche genau dem des zitierten Handballnationalspielers (S. 104f). Harte Bandagen muß man offenbar anlegen, um im Erfolgskampf jeglicher Art bestehen zu können. Verhärtung und Rücksichtslosigkeit scheinen das Rezept zum siegreichen Bestehen in wirtschaftlichen, politischen und zumal sportlichen Auseinandersetzungen zu sein. Der zunehmende Konkurrenzdruck in allen Bereichen symbolischer und realer Wettkämpfe könnte nur durch bessere Beachtung der Regeln der Auseinandersetzung, durch Verschärfung der Kontrollen und durch eine Verbreitung echter Fairneßgesinnung aufgefangen werden. Doch hieran mangelt es überall. Ist die Druckverschärfung in das System eingebaut, ist der Erfolg allzu gewichtig, ja existenzentscheidend, der Sieg zur Hauptsache geworden, so wirken Vereinbarungen und Appelle kaum noch, solange Umgehungsmöglichkeiten, verdeckte Manipulationen der Erfolgsbedingungen, taktische Vorteilsnutzungen, verheimlichte Regelverletzungen möglich sind.

Regeln und Verträge werden immer wieder mißachtet und verletzt — selbst von denen, die sie lautstark propagieren. Wie lange hielt man sich an sogenannte Fairneßabsprachen in politischen Parlamenten und bei Wahlkämpfen? Vor zwei Jahren forderte der Fraktionschef eines Landesparlaments öffentlich, das Fairneßabkommen seiner Parteifreunde mit einer Konkurrenzpartei aufzukündigen, weil taktische Vorteile bei Abstimmungen (Erkrankung von Abgeordneten) unnachgiebig ausgenutzt worden seien. Keine Spur von der im englischen Parlament sogenannten „Fairneßregelung", die dazu verpflichtet, daß die jeweilige Opposition ebenso viele Abgeordnete bei Abstimmungen zurückzieht, wie bei der Regierungspartei — etwa aufgrund von Erkrankungen — fehlen, damit keine Zufallsentscheidungen zustande kommen.

Auch Beispiele aus der Wirtschaft stehen dafür: Politisch motivierte Rückzüge aus dem Geschäft mit einem diktatorischen System, das Menschenrechte verletzt, werden von der Wirtschaft anderer Staaten genutzt, das Embargo zu umgehen oder offen zu durchbrechen. Besonders der Waffenhandel arbeitet mit „harten Bandagen" — offen oder heimlich. Respekt vor dem Konkurrenten wird allenfalls als Lippendienst nach außen öffentlich verlautbart, faktisch aber kaum durch Entscheidungen und Handlungen gestützt. Fairneß scheint zur Farce zu degenerieren, wenn man Boykottbewegungen betrachtet: „The Business of Business is Business", lautet eine amerikanische Wirtschaftsmaxime. Mit dieser Einsicht wehrte man sich gegen die Einführung wirtschaftsethischer Lehrkurse von geisteswissenschaftlichen Ethikexperten in einigen amerikanischen Business Schools.

Ein sogenanntes Ethikseminar

Ein sog. Ethikseminar des Nationalen Olympischen Komitees von 1989 drang gar nicht bis zu den ethischen Fragen von Brutalisierung und Unfairneß im Hochleistungssport vor, wenn man von den Verstößen gegen das Dopingverbot absieht. — Man diskutierte die Rolle und Stellung des Athleten in der Antike wie in der Neuzeit sowie das Verhältnis von Sport und Politik: beides Themen, die ebenso bekannt wie mittlerweile abgegriffen sind. Man hatte sich der Mitwirkung zweier bekannter Politologen versichert, aber auf ethische Fachexperten verzichtet. Wollte man unter sich bleiben, ohne sich kritischer Selbsterforschung zu unterwerfen? Das Fairneßproblem wurde auf die Dopingfrage reduziert (die man dank verschärfter Kontrolle aber „im Griff" habe) — und auf die Forderung nach einem Babyjahr für Hochleistungssportlerinnen. Das Thema der extremen Brutalisierung im Hochleistungssport kam erst gar nicht zur Sprache — und das einen Tag vor der Katastrophe unter den Liverpooler Fußballfans in Sheffield!

Profi-Ehrlichkeit

Waren da nicht manche der betroffenen Akteure viel ehrlicher und selbstkritischer? Man vergleiche die auf Seite 14 zitierten überpointierten Äußerungen des Fußballers Kapellmann. Doch auch Ewald Lienen, ein bekannter Fußballprofi, hatte schon vor einem halben Jahrzehnt auf „das Verschweigen oder Nichterkennen der alltäglichen Brutalität, der vielen kleinen und größeren Regelwidrigkeiten mit Verletzungsrisiko, der ständigen physischen und verbalen Einschüchterungsversuche beim Profifußball" aufmerksam gemacht. Er nannte als Ursachen „die Strukturen der Bundesliga und unserer Gesellschaft", auch den öffentlichen Druck und die Rolle der Medien, die einerseits die Brutalität verschärfen, nicht nur, indem sie sie „tolerieren, sondern darüber hinaus durch ihr diffamierendes System der Leistungsbeurteilung mitverursachen", also geradezu miterzeugen, indem sie den Sportler abhängig machen von einem „System, das Aggressionen dadurch erzeugt, daß es menschliche Anerkennung vom Erbringen oder Nichterbringen bestimmter sportlicher Leistungen abhängig macht". Es sei „ein System, durch das der sportlich unterlegene Spieler zum minderwertigen Menschen werden kann und das folgerichtig dazu verleitet, sich gegen eine drohende sportliche Niederlage auch mit brutalen Mitteln zu wehren", während „ein sportlich sehr erfolgreicher Spieler, wie z. B. Karl-Heinz Rummenigge, zum unantastbaren Helden der Nation wird, der unter dem Schutz seiner übergroßen Wertigkeit vergleichsweise selten brutalen Angriffen ausgesetzt ist" — jedenfalls im Heimatland. Andererseits gibt es geradezu ein „Vermarktungsinteresse an der Brutalität" — besonders bei Boulevardblättern: Genüßlich werde geschildert, dargestellt und im ebenso entrüsteten wie engagierten emotionalisierten Replay sensationell und gruselig aufgemacht, wie der erbarmungslose Kampf im Höchstleistungsfußball abläuft: „Der Bundesligafußball ist deshalb zu einem brutalen Existenzkampf heruntergekommen, weil sportlicher Ehrgeiz durch teilweise rücksichtslosen finanziellen Ehrgeiz ersetzt worden ist." Dies sei eine Folge des Gehaltssystems und der Erfolgsabhängigkeit der Trainer, der wirtschaftlichen Schwierigkeiten der Vereine usw. Man verschweige aber dieses systematische strukturelle Problem, wenn man versuche, „von den Ursachen ab(zu)lenken, indem man eine Scheinjagd auf einzelne veranstaltet": „Das Problem wird personalisiert, wird gleichzeitig zum individuellen Fehlverhalten einzelner heruntergespielt." Es stecke schon „System dahinter, nicht das letztlich verantwortliche System, sondern den Einzelfall anzugreifen, um das Problem (zumindest vorübergehend) auf einen Sündenbock abwälzen zu können". Kurz: „Die ständig vorhandene Brutalität

in der Bundesliga ist Ausdruck des für unsere Ellenbogengesellschaft typischen Existenzkampfes, den
jeder einzelne für sich allein führen soll und muß. Sie
ist gleichzeitig Ausdruck des perversen Materialis-
mus unserer Gesellschaft, der dazu führt, daß Spieler
ihren eigenen finanziellen Erfolg höher einstufen als
solidarisches Verhalten und die Gesundheit ihrer
Spielerkollegen." Soweit der Akteur Ewald Lienen,
ein ehemals äußerst erfolgreicher Spieler. Er meint
zu den Änderungsmöglichkeiten: „Wenn wir wollen, daß Fußball wieder ein schöner, spielbetonter
und fairer Sport wird, müssen wir zumindest jene
Strukturen innerhalb der Bundesliga abzuändern
versuchen, die den bereits bestehenden Existenzkampf noch fördern oder begünstigen." Man müsse
das Gehaltssystem der Spieler ändern, die Bezahlung
unabhängig von der Leistungsbeurteilung durch
den Trainer machen und einander angleichen, mehr
für deren „Zukunftssicherung" sorgen, die Erfolgsabhängigkeit des Trainers selbst abschwächen —
also sozusagen systematisch die ökonomischen Anreize entdramatisieren. „Rüstungskontrolle ist für
den Rüstungswettlauf das gleiche wie Fair play für
den Sport", meinte der kritische Sozialwissenschaftler Johan Galtung. Und umgekehrt; die Gleichung
gilt in beiden Richtungen.

Emotion belebt das Geschäft

Die Hoffnung auf eine ökonomische Entdramatisie-
rung des Ernstfalls im Fußball scheint jedoch ein
unerfüllbarer Traum zu sein. Die Beschlüsse des Li-
gaausschusses des Deutschen Fußballbundes im
Kampf gegen sinkende Zuschauerzahlen sprechen

eine ganz andere Sprache. Nach dem Motto „Emotionen beleben das Geschäft" schlugen die Präsidenten der Vereine der beiden Fußballbundesligen vor, die Hin- und Rückspiele künftig innerhalb einer Woche auszutragen. Wilfried Straub, der Ligasekretär des Deutschen Fußballbundes, bekannte ebenso unerschrocken wie unverfroren auf die Frage, ob dieser vom Deutschen Fußballbund letztlich nicht verwirklichte Vorschlag nicht die Bemühungen des deutschen Sports um mehr Fairneß unter Sportlern und Fans unterlaufen würde: „Nun, dieser Beschluß hat zwei Aspekte: zum einen den Aspekt der Sicherheit und Fairneß und zum anderen den finanziellen, wirtschaftlichen Aspekt. Beim Abwägen dieser beiden haben wir uns für den letzteren entschieden." Mit anderen Worten: Kommerz geht vor Sicherheit und Fairplay. Ein Hauptverfechter dieses Beschlusses, Mayer-Vorfelder, Präsident des VfB Stuttgart und zugleich Kultusminister des Landes Baden-Württemberg, begründete diesen dann vom Fußballbund vorerst nicht verwirklichten Vorschlag kulturell nicht allzu feinsinnig gar in doppeldeutiger Weise: „Der Reiz wird mordsmäßig." Und: „Emotionen sind im Fußball etwas Normales." Ob beim Sport oder in der Politik — der Erfolg kommt stets vor der Moral: „Erst kommt das Fressen, dann die Moral" — eine aktuelle Deutung des bekannten Brecht-Zitats?

Image-Ritter aus der Wirtschaft

Es bleibt die Frage, ob ökonomische Deeskalierungsmaßnahmen überhaupt ausreichend sind, wenn der Hochleistungssport generell Verhältnisse und Strukturen einer sich verhärtenden Ellenbogengesellschaft widerspiegelt. Das Herunterschrauben des ökonomischen Drucks ist sicherlich ein notwendiger und wichtiger Teilaspekt, kann aber das Problem allein nicht lösen; denn die Verschärfung, Zuspitzung und Brutalisierung finden auch in jenen Sportarten statt, die keine besonderen Prämien und Verdienstmöglichkeiten bieten. Und wie kann und wie sollte man den Sport wieder zu seiner „heilen Welt" des gentlemanartigen Wohlverhaltens zurückführen können, wenn doch Einigkeit darüber herrscht (selbst bei Wirtschaftsvertretern), daß der Sport „eben auch ein ‚Spiegel der Gesellschaft' mit ihrem Leistungs- und Konkurrenzprinzip" sei. So jedenfalls ein ehemaliger Manager eines großen deutschen Automobilunternehmens, der bei dem erwähnten Ethikseminar unter der schlußfolgernden summarischen Erkenntnis „Ethische Grundprinzipien gelten allgemein" die Strukturgleichheit von wirtschaftlicher und sportlicher Konkurrenz auslobte: In beiden Bereichen könne man sich „nur durch ständig gesteigerte Leistung behaupten: Konkurrenz bestimmt das Marktgeschehen — Citius — altius — fortius — als quasi marktwirtschaftliche Maxime. Um es auf einen einfachen Nenner zu bringen: Je besser die Leistung — desto besser der Gewinn!" Soll so der wirtschaftliche Gewinn als Leistungsausweis präsentiert und lanciert werden? Sind höhere Gehälter wirklich Kennzeichen besserer Leistung? Elementarlogisch folgt aus dem obigen Kernsatz: je weniger Gewinn, desto geringer die Leistung. Wirtschaft und Sport, meinte der Referent H. J. Hinrichs, selbst einst ein erfolgreicher Leichtathlet und Hallenhandballnationaltorwart, folgten denselben Gesetzen: „Ehrlicher Wettkampf, Wettbewerb, Streit um den Erfolg — um den Sieg — um den Gewinn — ständige Suche nach der immer besseren Lösung, der besten Leistung, um der Beste zu sein, das gilt überall — im Sport wie im Wirtschaftsleben. Und diesen Wettkampf mit *anständigen* Mitteln zu betreiben ist der einzige Weg zum *dauerhaften* Erfolg. Da kann die Wirtschaft keine anderen moralischen und ethischen Prinzipien als der Sport haben." Dementsprechend, wenn auch als Wunschziel, hatte auch der IOC-Präsident Samaranch erklärt — wie der Sportmediziner Wildor Hollmann beim Bundestagshearing über „Humanität im Spitzensport" berichtete —, es sei „eines seiner wesentlichsten Ziele, Wirtschaft und Sport zu einer Einheit zusammenzuführen". Hinrichs erläuterte seine These weiter: Ein „unlauterer Wettbewerb ist in der Wirtschaft gesezteswidrig, im Sport regelwidrig. Wo ist da der Unterschied? Betrug disqualifiziert den Betrüger, auch wenn er einmal — kurzfristig — Erfolg bringen kann. Aber die erfolgreiche Leistung darf nicht darin bestehen, sich nicht erwischen zu lassen."

So einfach ist das, so logisch in der Konkurrenzgesellschaft — wenn man in der Ellenbogengesellschaft nur eben „sauber" bleibt. (Interessanterweise redet der Exmanager dem Sport ins Gewissen, die Sauberkeit zu bewahren, nicht zu dopen, weil sonst der Sport seine Attraktivität verlöre und „die Neigung der Wirtschaft, in den Sport zu investieren", abnähme: „ein Teufelskreis", da dann die Leistungen des Sports sinken müßten. „Hier müssen wir schnell gegensteuern".) Der Exmanager fordert einen „leistungsstarken, gut organisierten, klar funktionierenden, sauberen Sport mit einem klaren Konzept und mit allem, was die Faszination des Sports ausmacht", statt der bekannten vier F der Turner

(„frisch, fromm, fröhlich, frei") fordert er die vier K als konzertierte Aktion des Sports: „Kommunikation — Koordination — Konzeption (und deren Umsetzung) — Kontrolle". Das sei *kein Patentrezept,* sagte er selbst. Sicherlich notwendig, aber nicht ausreichend mögen solche Stichworte sein, um die auch geforderte äußerste Professionalität zu sichern und sich gegen die ethischen Globalidentifikationen und offenbar durch nichts zu erschütternden Naivitäten zu wehren. Nur an einer Stelle gestand der Exmanager ein: Wenn „heute in der alltäglichen Arbeit, im beruflichen Erfolgsstreben, materialistische Ziele ethische Maximen bedrohen, wenn immer mehr der materielle Erfolg zählt, so kann es nicht verwundern, wenn im Sport die gleichen Tendenzen sichtbar werden". „Sportliche Topereignisse" würden zur „Schau der Rekorde — ohne jede weitere Regel und Grenze". Wie tröstlich: „Ethik hin oder her — die Wirtschaft wird einen solchen Weg niemals mitgehen!"

Forderte nicht aber gerade kürzlich Wolfgang Grupp, Inhaber einer Bekleidungsfirma, bei der Aufnahme von deren neuem Werbeengagement als Sponsor der Fußballmannschaft des Karlsruher SC, daß für die Firma „Sensationen, wie ein tolles Foul, bei dem der Spieler überall abgelichtet wird", von großer, die Werbeinitiative begründender Bedeutung seien (Badische Neueste Nachrichten, 9. 6. 89). „Sportidealisten stockte der Atem", kommentierte ein Journalist (Forler, ebd. 10. — 11. 6. 89). Und dem Trainer der Mannschaft fiel auch nichts anderes ein, als zu bekennen: „Wir wollen guten, fairen Sport bieten." Immerhin hatte der vielleicht nicht sehr sportversierte Geschäftsmann die publizitäre Wirksamkeit von Sensationsfakten erkannt. Oder, wie der

Journalist wiederum „ohne scheinheiligen Arg" schrieb: „Der Geschäftsmann hatte nur das Kind beim Namen genannt: Die Sportsponsoren von heute sind keine selbstlosen Mäzene, der Zweck heiligt zwar nicht, aber er erklärt die Mittel. Entsprechend war die klare Rede ebenso hart und ehrlich wie ernüchternd."

„Aufsehen erregen ist alles!" Dieser Werbeweisheit folgte auch ein Werbespot eines schwedischen Getränkeherstellers mit dem in Seoul wegen Dopings disqualifizierten kanadischen Sprintweltrekordler Ben Johnson: Die Werbung zeigte Johnson beim Trinken eines Fruchtsafts (vor seinem Geständnis vor der kanadischen Untersuchungskommission hatte er behauptet, das Dopingmittel sei ihm in einem unidentifizierten Fruchtsafttrunk gereicht worden). Gegen die heftige Kritik verteidigte der Firmensprecher Sigvard Hallstedt die Werbungsmaßnahme: „Das Ganze ist eine exzellente Aktion. . . . Es war unsere Idee, ihn beim Trinken eines reinen Fruchtsaftes *ohne* jegliche Zusätze zu zeigen" (n. sid. 12./13. 2. 89)!

In der Tat hat der Sport die frisch-fröhlichen, allzu frommen F der Turner schon längst aufs Altenteil nostalgischer Altersturner abgeschoben — und die Freiheit hat der Hochleistungssport längst meistbietend verkauft. Zwar ist er nicht zu den vier F des wohlbekannten Katers Garfield („Frech, fett, faul und — filosofisch") übergegangen und hat wohl auch die vier K noch nicht im Griff, sondern er hat längst die vier M auf sein Zepter geschrieben: wie Mammon, Macht, Medien — vor allem aber: Mediokrität.

Aber Spaß und Ironie beiseite: Mit Pauschalierungen dieser Art lassen sich die Probleme sicherlich nicht

lösen. Allerdings finden sich gerade globale Gleich-
setzungen vielfach bei Wirtschaftsrepräsentanten —
wenigstens in ihren plakativ-öffentlichen Lippenbekenntnissen. Auch der Vorsitzende der deutschen
Tochterfirma einer großen internationalen Büroma-
schinen- und Computerfirma, H.-O. Henkel, meinte,
sein Unternehmen folge mit der Grundforderung
der „Unternehmenskultur" „Achtung vor dem einzelnen" dem Fairneßprinzip. „Fairneß gegenüber
anderen ist ... nicht Selbstzweck, sondern Notwendigkeit zum Erfolg", stecke schon in den „Gepflogenheiten eines ehrbaren Kaufmanns". Man könne
sich in der Wirtschaft mit Spitzenleistungen nur
dann „dauerhaft bewähren", und solche Leistungen
seien „nur möglich, wenn der Umgang miteinander
nach den Spielregeln fair bleibt". Nach einer Pres-
seinformation der Firma, die die Fair-play-Initiative
unterstützt, heißt es auf gut Kanzleideutsch: „Auf
die Wirtschaft eingehend, betonte er, daß man sich
hier im großen und ganzen — bei allen Mißständen
— an die Spielregeln eines fairen Wettbewerbs halte.
Dennoch bestehe aber auch hier die Gefahr, den
Grundsatz der Fairneß auch allzuleicht zu vergessen.
... Deshalb dürfe Wettbewerb weder in Politik noch
Sport oder Wirtschaft dazu führen, daß man wahllos
jedes Mittel einsetze. Dort, wo man dieser Gefahr
bereits erlegen sei, müsse Fair play dazu beitragen,
Aggressionen und Feindbilder abzubauen. Fairneß
gegenüber dem Partner und Konkurrenten müsse
das Handeln bestimmen. Auf die Initiative des deutschen Sports eingehend, verband er die Hoffnung
(womit? War sie verletzt? D. Verf.), daß die jetzt ein-
geleitete Offensive für Fair play im Sport auch Signal
dafür sei, daß man in der Wirtschaft und in der Gesellschaft künftig fairer miteinander umgehen

werde." (Das Internationale Komitee für Fair play verlieh dieser Firma das Fair-play-Ehrendiplom „für ihre großzügige finanzielle Unterstützung und inspirierende Aktion innerhalb der Fair-play-Kampagne".)

Nicht alle Vertreter der Wirtschaft reden so wie Hinrichs und Henkel. So sagte kürzlich Siegfried Buchholz, leitender Direktor eines großen Chemiekonzerns, in einem Vortrag vor dem Arbeitskreis Christlicher Publizisten: „Wir stehen vor dem Phänomen, daß unsere Gesellschaft diejenigen Werte, an der die Gesellschaft gesunden könnte, nicht prämiert: Güte, Nächstenliebe, Opferbereitschaft. Das gilt in der Welt der Wirtschaft als Führungsschwäche. Prämiert werden nach wie vor Werte, an denen sie zugrunde geht: Durchsetzungsvermögen, Härte, Ellenbogenstärke" (zit. nach Schumacher). Der Managementpsychologe und -soziologe Jörg Kaspar Roth findet (nach Weber) im „Spielfeld Management" deutliche Parallelen zum Geschehen auf deutschen Fußballplätzen an Samstagen und Sonntagen: „Je unklarer die Spielregeln im Kampf, je schwächer die Schiedsrichter, je parteiischer das Publikum und je begehrter die Siegprämie, desto rücksichtsloser das Foulspiel." Doch gebe es noch einige Unterschiede: Beim Fußball werde, meint der Sozialwissenschaftler, vergleichsweise fair gespielt. Auf dem Spielfeld des Berufes bleibe oft unklar, wer gegen wen spiele; hier sei die Leistung des einzelnen nicht so klar zu sehen wie die des Torschützen beim Fußball, hier würden die Spielregeln häufig geändert. Zudem seien die Schiedsrichter, nämlich die Chefs, oft selber interessierte Mitspieler.

Alle reden von Fairneß, nur praktizieren sie nur noch wenige. Die angeführten öffentlichen Lippenbe-

kenntnisse, die imagedienliches Wohlverhalten beschwörenden, vorgebenden Fairneßpredigten und
-appelle scheinen ähnlich wie die Marketingstrategien der Fairneßinitiative des deutschen Sports gewisse Ablenkungsfunktionen zu erfüllen. Man erkennt — vielleicht nur unbewußt —, daß man sich
ohne grundlegende strukturelle Änderungen der
Verhärtung der Konkurrenz mit allen Erscheinun-
gen der Brutalisierung, des Allzu-ernst-Werdens
und der Unfairneß nicht erwehren kann, und sucht
Flucht und Verdeckung in einer Alibistrategie. Beschwören ist sicherlich besser als Nichtstun. Freilich
fragt sich, ob es sehr viel mehr bewirkt, als Sym-
ptome zu erkennen. Kaschiert die manifeste verbale
Geschäftigkeit, die zweifellos ein Grundproblem
aufwirft und in die Öffentlichkeit bringt, nur das um
so wirksamere Weiterwirken einer Doppelmoral
oder Moralspaltung? Dienen die Lippenbekenntnisse nur einem Ablenkungseffekt? Oder dokumen-
tiert eine plakative Werbeaktion für Fairneß, die sich
in Zeitungsanzeigen, Bild- und Verbalwerbungen,
Inseraten von nichtssagenden Kernsprüchen wie
„Fair geht vor" konzentriert, lediglich die hinter-
gründig erkannte Ohnmacht der Zauberlehrlinge
des öffentlich eskalierten und geförderten Konkur-
renzindividualismus, die im Teufelskreis einer
Selbstverstärkung der gesetzmäßigen Wirkkraft der
Ellenbogengesellschaft gefangen sind? Oder ist die
Gesetzmäßigkeit der Publicity-Gesellschaft Funk-
tionären aller Art schon so unter die Haut gegangen,
daß sie in keinen anderen Möglichkeiten mehr denken können als in Publicity-Maßnahmen, die nur
Worthülsen manipulieren und in verbalistische Ver-
beugungen vor veröffentlichten Meinungen und öffentlichen Meinungsmachern abgleiten — gleichsam

als rituelle Referenz vor dem allgegenwärtigen Götzen „Image"? Imagemanipulation als Problemlösung drapiert, die von der Verschärfung der eigentlichen Problematik ablenkt, diese überdeckt und nicht löst. Man darf den gutwilligen Initiatoren und Mitwirkenden kaum bewußte Vertuschung oder zynischen Scheinaktivismus unterstellen. Ein solcher ist aber wohl doch die Wirkung solcher Imagebeeinflussung. Bleiben diese isoliert, sind sie weitgehend zur Erfolglosigkeit verurteilt und erweisen sich als scheinmildernde Beschwichtigungsversuche der entweder ohnmächtigen oder nicht wirklich veränderungswilligen Beflissenheitsapostel von Fairneß-Moralität.

Man erkennt zwar partiell das Problem, aber Imageänderungen lösen keine Grundprobleme. Immerhin ist dies wenigstens schon etwas, wenn auch noch kein Ansatz zur ursächlichen Lösung des Problems. Allenfalls kann man es als Aufforderung verstehen, darüber grundlegend nachzudenken, wirklich ein System von Strukturveränderungen zu versuchen, durchzutesten und verbreitet einzuführen, indem man die systembedingten und strukturellen Anreize zur Unfairneß demobilisiert, entdramatisiert. Aber wie ist das möglich, ohne daß Politiker, Medien, die Gesellschaft insgesamt Wandlungszugeständnisse machen? Wie soll man in Leistungsbereichen, gerade in trainingsintensiven Hochleistungssportarten, die den jahrelangen Einsatz des Individuums samt allen Ressourcen an Zeit, Kraft, Energie, Ausbildungsalternativen usw. erfordern, den Konkurrenzegoismus abbauen? Professionalisierung, Leistungsprämien — euphemistisch „leistungsbezogene Kostenerstattung" genannt (etwa in der Deutschen Sporthilfe) — und sogenanntes materialistisches Erfolgsdenken in der neurotisch verfaßten Profilierungs- und Ellenbogengesellschaft tun ein übriges, verschärft durch die existentielle Konkurrenz um Ausbildungsplätze, knappe Qualifikationen und Zugänge zu qualifikationsgebundenen Positionen und Privilegien. Verlangt man nicht das Unmögliche, wenn man gleichzeitig rücksichtsvolle Fairneß einfordert bei gleichzeitiger Verschärfung der Konkurrenz? „You cannot have a pudding and eat it at the same time!" lehrt ein englisches Sprichwort. Die angestrebte Remobilisierung des Fair play und die Demobilisierung der Unfairneß können nur Hand in Hand mit der Teilabrüstung der kompromißlosen Gesetze und Mentalitäten der Ellenbogengesellschaft erfolgen — oder durch eine allgegenwärtige, unbestechliche, ihrerseits wieder der Kontrolle unterworfene Kontrolle der Regeleinhaltung (eine solche Kontrolle wäre aber nur durch drastische und wirksame Sanktionsmaßnahmen erreichbar). Wie soll dies angesichts der „zwei Seelen" in der Brust des Funktionärs oder Athleten — zum Erfolg verdammt, aber stets fair und sauber zu bleiben — möglich sein, solange die überwertige Gewinnorientierung nicht herabgeschraubt wird?

Im existentiell gewichtiger gewordenen Profi- und Höchstleistungssport wird der Ernstcharakter übergewichtig, so daß hier eine Paradoxie zur vollen Gültigkeit gelangt, zu einer wirklichen Verstrickung in eine Art sozialpsychischer Falle zwischen individuell vorteilhafter heimlicher Regelüberschreitung und Regelbeachtung führt. Verstrickt in die Doppelzwang-Situation zwischen existentiellem Ernst des sportlichen Überlebenskampfes bzw. Siegenmüssens und der traditionellen Deutung des Sports als eines bloßen Spiels oder einer ritualisierten Scheinaggression ohne Ernstcharakter kann der Athlet geradezu schizophrenieähnliche Geisteshaltungen eines ,,Double bind" nach Gregory Bateson entwickeln. Angeheizt durch öffentlichen Druck, durch übertriebene und besonders betonte Bedeutsamkeit und Existenzernst einerseits, steht er vor der ständigen, kaum noch geglaubten, nur noch beschwörend-appellativ wirkenden Zurücknahmeforderung der Fairneßregel andererseits. Dies scheint eine neurosenfördernde Einbindung zwischen widersprüchlichen Forderungen zu erleichtern — schizoide Doppelzwänge struktureller Provenienz, die angesichts des Existenzernstes nicht mehr durch die bloße Erkenntnis der Doppelperspektiven aufgelöst werden können. Kein Wunder, daß der Athlet dazu neigt, Vorteile aus der Situation der sozialen Falle zu ziehen, indem er Regeln zu umgehen oder heimlich zu brechen versucht, um von dieser relativen Selbstbevorteilung gegenüber denjenigen zu profitieren, die sich an die Regeln halten.

Fair-play-Initiativen des Sports auf dem Prüfstand

Promotionelle Sprüche

Erfolg nur zählt in Sport und Gesellschaft; solche Rahmenbedingungen engen den Handlungsspielraum für faires Verhalten im Sport immer mehr ein. Zwar bemüht man sich überall, insbesondere durch die bekannten, von den Sportverbänden lancierten Fairneßaktionen, verstärkt das faire Verhalten im Sport wieder zu fördern: Die schweizerische Fair-play-Initiative steht unter dem Leitmotto: „Wir wollen fairen Sport"; die württembergische Aktion empfiehlt: „Sei sportlich — sei fair"; die des niedersächsischen Sports suggeriert: „Ich bin fair — Du auch". Nur schwerfällig an Schwung gewinnt jene des deutschen Sports mit dem Schlagwort „Fair geht vor". Alle diese Fair-play-Initiativen weisen darauf hin, daß Fairneß längst nicht mehr zum Katalog der Selbstverständlichkeiten leistungssportlichen Handelns gehört.

Warum stammen alle diese Fair-play-Initiativen aus den achtziger Jahren? Wurde der Konflikt zwischen Erfolgsorientierung und Fairneß erst in den letzten Jahren so gravierend? Hat sich der Hochleistungssport erst in jüngster Zeit drastisch zur totalen Erfolgsorientierung und Brutalität hin gewandelt, oder wurde nur unsere Sensibilität gegenüber der Unfairneß im Sport größer? Oder drängten gar erst Sponsoren, Mäzene und Medien den organisierten Sport, darauf hinzuwirken, sein negatives Image zu korrigieren? Wie ernsthaft sind dessen Bemühungen um mehr Fairneß? Läßt sich angesichts der radikalen Erfolgs- und Resultatsorientiertheit des heutigen Leistungssports Fairneß überhaupt noch verwirklichen? Würden ernste Bemühungen um mehr Fairneß nicht zugleich die Festungen des Schau- und Erfolgssports zum Einsturz bringen?

Vergleichen wir unterschiedliche Fair-play-Initiativen und unzählige Förderungen durch Fair-play-Pokale (etwa der UNESCO, des IOC, des Sportjournalistenverbandes, der Deutschen Olympischen Gesellschaft und des Internationalen Fußballverbandes), der Fairneß wieder auf die Beine zu helfen, so erkennen wir, daß sich diese Aktionen fast ausschließlich auf das plakative Einklagen fairen Verhaltens oder auf das Herausstellen einzelner „exotischer" und auffälliger fairer Handlungen beschränken. Manche Sportler (wie der dreimalige Schwergewichtsboxolympiasieger Teofilo Stevenson Lawrence aus Kuba) erhielten sogar einen Fairneßpreis — in diesem Falle durch das Internationale Fairplay-Komitee, bloß weil sie trotz verführerischer Angebote nicht Professionals wurden! Schon die sog. Logos zeigen das: „Wir wollen fairen Sport" (wer will dies nicht?); „Fair geht vor" (geht es wirklich vor?, und vor wem?); „Sei sportlich — sei fair" (ist „sportlich" heute noch mit „fair" gleichzusetzen?); „Ich bin fair — Du auch" (bin ich, sind wir es wirklich? Können wir es heute überhaupt noch sein?). Den Verantwortlichen scheint es weniger darum zu gehen, günstige und wirksame Bedingungen für faires Verhalten zu schaffen, als vielmehr darum, plakativ und publikumswirksam Fairneß einzuklagen. Auffällig, daß die Verantwortlichen Fair-play-Initiativen nur an die Athlet(inn)en adressieren, während sie den Systembedingungen des Sports offenbar eine nur nachrangige Bedeutung beimessen. Vor allem die verantwortlichen Funktio-

näre geraten selbst kaum in den Blickpunkt des Interesses. So will die schweizerische Fair-play-Initiative „aufklären" und zum „Fair play im Sport auffordern". Die Kampagne stützt sich dabei — so die Broschüre „SLS-Initiative für Fair play" des Schweizerischen Landesverbandes für Sport — auf drei Pfeiler: „Aufklärung und PR-Aktionen"; „Promotionelle Aktionen in Stadien und an Sportanlässen"; „Langfristige Ursachenbekämpfung durch gezielte Erziehungsprogramme in Form von Ausbildungskursen bei Sportlern, Lehrern, Trainern und Schiedsrichtern. Mit gezielten Lektionen sollen auch Schüler und Lehrlinge auf die Wichtigkeit von Fair play und Fairneß im Sport aufmerksam gemacht werden."
Kein Wort über die Verantwortung der Funktionäre, kein Wort über die vom organisierten Sport selbst geschaffenen strukturellen Bedingungen für die grassierende Verbreitung der Unfairneß. Die deutsche Fair-play-Kampagne „Fair geht vor" hingegen sucht immer noch nach einem Konzept, das von allen gemeinsam getragen werden kann.

Der Athlet schluckt und schweigt?

Zur Zeit verdeutlicht die Dopingdiskussion besonders drastisch, wie fruchtlos und halbherzig Fair-play-Initiativen sind, die verkennen oder ignorieren, wie sehr sich die Kritik an der verbreiteten Unfairneß und die Änderungsforderungen sich zunächst an die Institutionen und erst dann an die in diesen handelnden Individuen zu richten hätten. Plastisch beschreibt dies Elk Franke für die Dopingfrage: „Unübersehbar ist dabei die Scheinheiligkeit einer solchen Argumentation, die Handlungsfreiheit und

Chancengleichheit in ihrer positiven Wertigkeit benutzt, um die Überwindung einer systemimmanenten Schizophrenie zu feiern. Eine Schizophrenie, die sich aus der Tatsache ergibt, daß Verbände in einigen Sportarten Leistungsnormen (z. B. für eine Olympiateilnahme) aufstellen (...), die nur durch Anabolika erreichbar sind, sich aber gleichzeitig verpflichten, einen zweimal ertappten Dopingsünder lebenslang zu sperren." Die bereits erwähnten neuen Förderungsrichtlinien des Bundesinnenministeriums für bundesdeutsche Spitzenathleten verschärfen diese Problematik: Entweder man „schluckt" und erhält die finanzielle Förderung, oder man verzichtet auf die Mittelchen und damit zugleich auch auf die Unterstützung. Der Weitspringer Dietmar Haaf (1988 Deutscher Meister) durfte in Seoul nicht starten und wurde in den B-Kader zurückgestuft, weil er nur um die 8 m springt. Haaf gestand (Welt am Sonntag, 5. 2. 1989): „Ich bin clean und kann keine größeren Sprünge machen." Die 20jährige Deutsche Meisterin im Kugelstoßen, Stephanie Storp, beklagt die Unfairneß der Funktionäre: „Ich finde das nicht fair. 19,90 Meter, ohne was zu schlucken — das ist doch sensationell. Schließlich muß ich mich auch als Kugelstoßerin noch selbst im Spiegel betrachten dürfen."

Stimmiges Image

Kann der Hochleistungssport sich noch ungetrübt im Spiegel betrachten? Es scheint in der Tat so, als entarte das Fair play zu einem Rechtfertigungsklischee, das „kosmetisch den Sport einfärbt". Sobald und erst wenn das Image des Sports durch Skandale befleckt wird, kümmern sich die verantwortlichen Sportoffiziellen um dessen Rehabilitation. Wird diese dann auch noch von einem großen Konzern finanziert, so „kann mit den Mitteln des Werbemarketing eine prächtige Schönfärberei entfaltet werden", glossiert Uwe Müller so treffend wie bissig die Augenwischerei mancher Sponsoren für mehr Fairneß. Mit dem plakativen Einklagen von Fairneß, mit der Individualisierung des Fairneßproblems schlägt man zwei Fliegen mit einer Klappe. Zum einen geraten die strukturellen Bedingungen und Systemzwänge unfairen Verhaltens nicht in den Blick; so kann man trefflich von der eigenen Verantwortung ablenken. Zum andern scheut man sich nicht, nach außen hin das Bild vom „sauberen, fairen" Sport zu verkaufen, zumindest das Bild einer Sportorganisation, die alles tut, um den Sport sauber und glaubwürdig und damit für die Sponsoren attraktiv zu halten. Den Sportler trifft die Schuld und die Strafe: Der Athlet ist Sündenbock. Fair-play-Aktionen zeigen in der Tat den Charakter von Marketingstrategien und Legitimationskategorien. Dies trifft zumindest auf die großen Initiativen des schweizerischen und deutschen Sports zu. Sie sind weniger Ausfluß oder Ausdruck der Einsicht, daß ernsthaft etwas gegen die überbordende Unfairneß zu unternehmen sei, als vielmehr in erster Linie „Alibistrategien", diktiert von einem „blinden Aktionismus", der das Bild vom sauberen Sport nach außen bewahren möchte, ohne nach innen etwas verändern zu müssen. Oder sind es bloße Ohnmachtsbemühungen? Das Gesetz des Handelns entsteht und gründet hier nicht mehr im Sport selbst, sondern wird ihm von außen aufgezwungen. Erst wenn das Image es unausweichlich macht, wird gehandelt. Das beste Beispiel ist der bereits mehrfach erwähnte „Fall Johnson". Obwohl es seit Jahren — spätestens seit den Olympischen Spielen in Montreal 1976 — ein offenes Geheimnis war, daß viele Athleten leistungssteigernde Mittel nehmen und in manchen Disziplinen Spitzenleistungen nur noch mit Dopingmitteln zu erzielen sind, sahen sich die Fachverbände nicht veranlaßt, wirklich ernsthaft und konsequent gegen den wachsenden Dopingmißbrauch einzuschreiten. Erst der positive Dopingbefund bei Ben Johnson und dessen große massenmediale Ausschlachtung zwangen nun die Fachverbände zum Handeln. Der Sport drohte durch den Dopingmißbrauch seinen hohen Markt- und Werbewert zu verlieren. Das Image war unübersehbar angekratzt, wenn nicht gar dauerhaft befleckt.

FIFA-Fairneß

Zu welch peinlichen Mißgriffen es bei derartigen Imagestrategien kommen kann, zeigte sich bei der Vergabepraktik des Fairneßwanderpokals, den die FIFA anläßlich der Fußballweltmeisterschaft 1986 in Mexiko gestiftet hatte. Unter dem Druck wachsender öffentlicher Kritik an der Brutalisierung des Fußballsports versuchte die FIFA durch die Einführung eines Fairneßpokals zu signalisieren, daß sie ernsthaft bestrebt ist, für mehr Fairneß auf dem Rasen zu sorgen. Hier geriet sie ganz offensichtlich in Konflikt mit der Erkenntnis, daß zumindest auf dem internationalen Parkett ohne Foulspiel kaum „Blumen zu ernten" sind. Ein Blick auf die Fair-play-Punktewertung der FIFA läßt Zweifel aufkommen, ob es dem Fußballweltverband tatsächlich um mehr Fairneß auf dem Rasen geht: Da werden Strafpunkte für folgende „Vergehen" verteilt: Verspätung = 5 Strafpunkte; herunterhängende Stutzen = 5 Strafpunkte; Trikot über der Hose = 10 Strafpunkte; Trikottausch auf dem Platz = 10 Strafpunkte; Verlassen des Spielfeldes, z. B. auch bei Jubel nach einem Torerfolg = 22 Strafpunkte. Demgegenüber gibt es für eine gelbe Karte *einen* Strafpunkt, für eine Spielsperre (sei es nach zwei gelben Karten oder nach einer roten Karte) *zwei* Strafpunkte und für eine rote Karte *drei* Strafpunkte. Der Gipfel der Einfühlung in die Fairneßbewertung ist zweifellos folgende Bestimmung: Die beiden ins Endspiel vordringenden Mannschaften bekommen einfach je acht Pluspunkte gutgeschrieben! Steht dahinter die Einschätzung, daß der Erfolg auch seinen Preis hat oder: Wer Erfolg hat, war auch fair? Dies erinnert an eine altbackene Ideologie aus dem Wirtschaftsleben: Wer Erfolg hat, hat auch schon immer mehr geleistet. Die Erfolg-Leistung-Spirale dreht sich im Zirkel.

Züngiges Doppelmoralin

„Fair geht vor"? Oder: „Der Erfolg heiligt die Mittel"? Einer radikal erfolgsorientierten Moral stehen beschwörend wie ohnmächtig die Ermahnungen und Fairneßappelle der Verbände gegenüber. Verstecken sich hinter derlei öffentlichen Appellen nicht auch Taktiken zur Ablenkung der Verantwortlichkeit? Es ist unredlich, die Athleten allein für diese Entwicklung verantwortlich zu machen. Wer die verbreitete Unfairneß durch Doping im heutigen Sport beklagt, wem generell das Fair play zu wenig beachtet wird, muß sich zunächst der strukturellen Bedingungen bewußt werden, unter denen Erfolgs-

sport heute stattfindet. Andernfalls laufen Fairneßinitiativen Gefahr, vorschnell nur die Sportler, die
den Forderungen nach Fairneß nicht entsprechen
(können), als unfair zu brandmarken. Fairneßinitiativen scheinen nicht dagegen gefeit zu sein, zu morali-
sierenden Alibihandlungen und -strategien zu ver-
führen. Die Forderung „Fair geht vor!" — so sinnvoll, gut und schön sie klingt — scheint im Vergleich
zur Realität idealistisches Wunschdenken zu bleiben.
Solange nur Erfolg und Sieg zählen und die Konkurrenz immer härter wird, scheint es müßig, vom einzelnen die strikte Einhaltung von Fairneßregeln zu
fordern, wenn an der Überbewertung von Sieg und
Konkurrenzdruck selbst nichts geändert wird, ja,
wenn mit zwei Zungen Höchsterfolg um jeden Preis
und zugleich lupenreines Fair play gefordert werden.
Die Gesellschaft muß die Überbewertung des Sieges,
die Singulärsiegerorientierung, zurücknehmen, und
zwar auf „kontrollierbare Weise", sie muß die absolute Erfolgsmoral moderieren, um den Fairneßregeln wieder eine wirkliche Chance zu geben. Das
bloße Predigen, Marketing- und Werbeaktionen für
Fairneß sind wichtig und richtig, aber sie können nur
vordergründig auf das Problem aufmerksam machen. Die Fairneßaktionen — der Fair-play-Wander-
pokal der FIFA zumal — vermitteln eher den Eindruck einer symbolischen Geste der Ohnmacht dessen, der insgeheim einsieht, daß er nicht viel ändern
kann (oder will?), solange er das Konkurrenzsystem
in voller Schärfe beibehält. Daran zu rütteln — das
aber wagt offensichtlich niemand. Die Attraktivität
des Spitzensports liegt gerade in der Dramatik und
der Dramaturgie von Erfolgs- und Rekordstreben,
in Spannung und Abenteuer von Grenzerfahrungen.
Hieraus schöpft der Hochleistungssport sein gesell-

schaftliches wie vor allem auch sein wirtschaftliches Vermarktungspotential. Dies ändern zu wollen hieße, dem Sport wesentliche Momente seiner gesellschaftlichen und damit vermarktbaren Attraktivität zu nehmen.

Es verwundert deshalb nicht, daß der „Kampf" der Wirtschaft um den sauberen, fairen Sport gleichsam mit angezogener Handbremse erfolgt. Dieselben „Saubermänner", die dem Sport mit finanzieller Enthaltsamkeit drohen, wenn er das Dopingproblem nicht konsequent angeht, schaffen durch ihre finanziellen Anreize erst die Dramatisierungsbedingungen des Dilemmas, das sie abzuschaffen öffentlich geloben. In der Frage absichtlicher Regelverletzungen, etwa der Fouls im Interesse sportlichen Erfolgs, sind sie oft weniger zimperlich. Ist das so heftig diskutierte Dopingproblem für Funktionäre der Industrie und des Sports ein willkommener Anlaß, vom umfassenderen Problem der allgemeinen Unfairneß im Sport abzulenken?

Bereits Kinder und Jugendliche erfahren und lernen in den Vereinen, daß Regelverletzungen im Interesse sportlichen Erfolges normal, geradezu legitim sind und erwartet werden — etwa vom Trainer: „Geh ihm in die Beine! Notbremse muß sein!" Aber dies wurde in der Fairneßdiskussion bisher weder thematisiert, noch wurde durch ernsthafte Bemühungen gegengesteuert. Auch die Sponsoren, die sich in Sachen Doping als die großen Befürworter eines sauberen Sports herausstellen, schweigen hierzu und haben offensichtlich weder Probleme noch Skrupel, z. B. auch solche Bundesligafußballmannschaften mit Millionenbeträgen zu unterstützen, deren Spieler uns Woche für Woche vorführen, daß Unfairneß — gepaart mit Brutalität — unverzichtbar ist auf dem Weg zum Erfolg. Uns ist jedenfalls kein Fall bekannt, in dem eine brutale Spielweise im Hallenhandball zum Rückzug eines Sponsors geführt hätte oder brutale Fouls die Förderfirma einer Fußballbundesligamannschaft dazu veranlaßt hätten, mit hand(geld)festen Gegenargumenten auf mehr Fairneß zu drängen, geschweige denn die Unterstützung zurückzuziehen. Im Gegenteil, wie auch im Fall des Sponsors des Karlsruher Sportclubs (siehe S. 85). Äußerungen von Vertretern der Industrie und der Wirtschaft, daß Doping und Betrug im Sport zwangsläufig das Aus für ein Engagement der Wirtschaft im Sport bedeuten, bleiben angesichts solcher Erfahrungen wohl eher sprachliche Pflichtübungen als ernstzunehmende Androhungen von wirksamen Maßnahmen. Deshalb bleibt die Frage, was isolierte Fairneßinitiativen überhaupt noch bewirken sollen, ob sie überhaupt Sinn machen. Will man vordergründig den Eindruck erwecken, die Diskussion des Problems sei schon Garant für eine Lösung? Fairneßdiskussionen allein machen noch keinen fairen Sport.

Dennoch sind Diskussionen notwendige erste Schritte. Nur darf man nötige erste Schritte nicht schon als ausreichende Maßnahmen mißverstehen. Trotz aller Kritik und der unverzichtbaren Forderung, daß alle Bemühungen um mehr Fairneß zunächst bei den Strukturen des Hochleistungssportsystems anzusetzen haben, hat die Fairneßinitiative des deutschen Sports immerhin den Vorteil, die öffentliche Aufmerksamkeit auf ein dringendes Problem zu lenken und die Bevölkerung für dieses Problem zu sensibilisieren.

Spricht man mit Sportfunktionären über das Problem des Fair play, dann gewinnt man den Eindruck, als gäbe es in Wirklichkeit gar kein strukturelles Dilemma beim Fairneßproblem. Die Initiativen und Aktionen dienen anscheinend eher dem Bemühen zu zeigen, daß alles so schlimm nicht sei. So bleiben die Bemühungen um Fair play auf einer eher abstrakten und wenig verbindlichen Ebene stecken. Die Fairneßinitiative des deutschen Sports, die sich an alle Sporttreibenden wendet, aber gleichzeitig auf die Fachverbände Rücksicht nehmen muß, kann offenbar nur auf plakativen, unverbindlichen Appellen verharren. Diese Fairneßaktion ist als ein erster Schritt zur Signalgebung durchaus sinnvoll, aber nicht ausreichend für die Lösung des Strukturproblems. „Fair geht vor!" als Forderung kann nur der Anfang sein zu einer tiefer gehenden Reform.

Fair play auf dem Lande und bei der Jugend?

Konkretere institutionelle und strukturverändernde Maßnahmen sind den Landessportbünden und den einzelnen Fachverbänden dringend zu empfehlen. So verfolgen die Fairneßinitiativen der Landessportbünde, der Sportjugenden schon einen erheblich konkreteren Ansatz, bemühen sie sich doch, über die Auseinandersetzung mit dem Problem des Fair play Jugendliche für mehr Fairneß zu sensibilisieren und durch den Einsatz von Jugend- und Übungsleitern sowie Unterrichtsmaterialien dieses Thema in die Schulen sowie die Vereins- und Verbandsarbeit einfließen zu lassen. Darüber hinaus weisen die Fairplay-Initiativen der Sportjugend und der Landessportbünde Württembergs und Niedersachsens auf einige bedenkenswerte Fakten hin, die bei der strukturellen Behandlung des Fairneßproblems beachtet werden müssen. So scheint es je nach Alter, Geschlecht und vor allem Leistungs-/Erfolgsorientierung ein unterschiedliches Fairneßverständnis zu geben. Vornehmlich von Kindern und Jugendlichen, die nicht oder kaum leistungssportlich engagiert und orientiert sind, wird Fairneß mit dem ursprünglichen informellen Fair play und mit dem Wert Gerechtigkeit in Verbindung gebracht. „Fairneß ist, wenn die guten Spieler die schlechteren mit einbeziehen"; „Fairneß ist, daß alle gleich behandelt werden; wenn jemand etwas schlechter kann, dann soll man ihn nicht als Versager abstempeln, denn er hat das geleistet, was er kann". (Für weitere Aussagen vergleiche man Müller/Pilz 1987.) Mit zunehmendem Alter verschiebt sich die Balance vom informellen Fair play als leitender Handlungsmoral auf das formelle Fair play. Fairneß heißt „nur das tun, was man darf, und nichts anderes". Überall dort schließlich, wo der sportliche Erfolg wichtiger ist als das gemeinsame Kämpfen im sportlichen Wettstreit, überwiegt ein Fairneßverständnis, das Regelverletzungen bis zu einem gewissen Grad noch toleriert, ja, nicht mehr als „unfair" bezeichnet. Der Inhalt des Fair play wird somit bestimmt durch die Bedeutung, die Wertigkeit des Erfolges: Je ausgeprägter die Erfolgsorientierung, desto mehr werden informelles und formelles Fair play zu einer bloß noch fiktiven Handlungsmoral des Leistungssports, desto weniger werden diese eher altbacken wirkenden Weisen des Fairneßverständnisses der sportlichen Situation und vor allem den faktischen Einstellungen der Wettkämpfer gerecht. Dementsprechend fallen die Fairneßdefinitionen erfolgsorientierter Sportler — selbst schon in der Jugendklasse — aus: „Jeder Akt einer ehrlichen Entschuldigung oder des Bedauerns nach einem Foul ist Fairplay" (Manfred Freisler, Handballnationalspieler); „um fair zu sein, ist es für mich das Wichtigste, daß man den Gegner nicht verletzt beim Sport" (A-Jugend-Fußballspieler). Ansonsten scheint alles erlaubt. Mit zunehmendem Alter verschiebt sich das Fairneßverständnis der jungen Sportler nicht nur vom informellen Fair play zum formellen Einhalten der Regeln, sondern auch zur Philosophie des „fairen Fouls" hin. Mit wachsender Wettkampferfahrung und Leistungsorientierung wird Fairneß dem Erfolgsdenken untergeordnet.

Diese Entwicklung offenbart, daß es vor allem im Jugendbereich anzusetzen gilt, wenn man zur Gesinnungsethik der Fairneß erziehen will. So zeigen die Tabellen 1 und 2, wie Jugendliche (hier am Beispiel der Auswahlmannschaften des Niedersächsischen Fußballverbandes der A-, B- und C-Jugend) mit zunehmendem Alter immer skeptischer gegenüber Fair-play-Initiativen und vor allem gegen deren Wirksamkeit zur Fairneßförderung werden. Das Fairneßverständnis wandelt sich z. B. von den C- zu den B-Jugendlichen hochsignifikant: bei den letzteren zur Akzeptanz von absichtlichen Regelverletzungen im Interesse sportlichen Erfolgs (siehe Tabellen 1 — 2 und Abbildungen 1 — 2).

Gerade aus den Äußerungen von Kindern und Jugendlichen zu Fairneß und Unfairneß kann für die Erwachsenenwelt deutlich werden, wie die jungen Menschen noch von der hoffenden Sehnsucht nach humanerem Zusammenleben, nach Kooperation und Offenheit durchdrungen sind, geleitet von Verantwortung und Mitgefühl für die anderen. Wollte man diese Hoffnungen und Wünsche in die Praxis des Sports umsetzen, so müßte man den heutigen organisierten Wettkampfsport erheblich verändern.

Tabelle 1 : Einschätzung des Fair-play-Cups durch die Auswahlmannschaften (A-, B-, C-Jugend) und die C-Jugend-Bezirksligafußballspieler Niedersachsens

Einschätzung des Fair-play-Cups	Auswahlmannschaften			Bezirksliga C-Jugend
	A-Jugend (N = 6) %	B-Jugend (N = 38) %	C-Jugend (N = 29) %	(N = 1255) %
Finde ich gut	33,3	52,6	79,3	78,6
Finde ich nicht gut	0,0	0,0	0,0	2,5
Ist mir egal	50,0	42,1	20,7	13,2
Weiß nicht	16,7	5,3	0,0	5,8

sign. > .05 (Vergleich B-/C-Jugend)

Tabelle 2: Einschätzung des Beitrages des Fair-play-Cups zur Fairneßerziehung durch die Jugendfußballauswahlmannschaften (A-, B-, C-Jugend) und die Bezirksligafußballspieler Niedersachsens

Einschätzung Fair-play-Cup kann einen Beitrag leisten	Auswahlmannschaften			Bezirksliga
	A-Jugend %	B-Jugend %	C-Jugend %	C-Jugend %
Ja	16,7	39,5	69,0	74,4
Nein	83,3	60,5	31,0	25,6

sign. > .03 (Vergleich B-/C-Jugend)

Dies wäre ein Weg, der sicherlich bei den meisten Sportfunktionären und Mäzenen auf erheblichen Widerstand stoßen würde. Der Fair-play-Cup des Niedersächsischen Fußballverbandes und der Landesvereinigung der Milchwirtschaft Niedersachsens, der an der Nahtstelle zwischen erzieherischen und

Abbildung 1: Bewertung unterschiedlicher Sportler-
aussagen zur Fairneß. Vergleich zwischen
Spielern der B- und C-Jugend-Fußball-
auswahlmannschaften Niedersachsens

	stimme voll zu	stimme eher zu	weder noch zu	stimme nicht zu	stimme überhaupt nicht zu
	1	2	3	4	5

Fairneß heißt, dem Gegner eine Chance zu lassen, ihm den Sieg nicht mißgönnen

Fairneß ist, wenn alle Spieler die gleichen Voraussetzungen haben*)

Fairneß ist, wenn man sich nach einem Spiel mit viel Hektik die Hand gibt...*)

Fairneß heißt, nur das tun, was man darf, und nichts anderes, nicht foulen*)

Ein normales Foul ist nicht unfair*)

Fairneß bedeutet, auf den anderen Rücksicht nehmen und sich nicht in den Vordergrund stellen*)

Fairneß heißt, den Gegner nicht verletzen und sonst alle Regeln einhalten*)

Jugendliche müssen lernen, foul zu spielen*)

Man muß zwischen einem fairen und unfairen Foul unterscheiden

Um fair zu sein, ist es das wichtigste, daß man den Gegner nicht verletzt*)

*) sign. > .05

——— B-Jugend-Auswahl Niedersachsen

- - - - - C-Jugend-Auswahl Niedersachsen

Abbildung 2: *Bewertung unterschiedlicher Sportler-*
aussagen zur Fairneß. Vergleich zwischen
Spielern der B- und C-Jugend-Fußball-
auswahlmannschaften Niedersachsens
(Fortsetzung)

	stimme voll zu	stimme eher zu	weder noch zu	stimme nicht zu	stimme überhaupt nicht zu
	1	2	3	4	5

Fairneß ist ein überholter Begriff, den es nicht mehr gibt

Fairneß ist, wenn beim Fußball die guten Spieler den schlechten Spielern den Ball abgeben

Fairneß ist, daß die Trainer die Mannschaft, wenn sie verloren hat, nicht anschreien

Jede ehrliche Entschuldigung nach einem Foul ist Fairneß

Faineß ist, daß man sauber und korrekt spielt

Das Zunichtemachen einer Torchance durch einen Regelverstoß ist nicht unfair

Fairneß ist, daß alle gleich behandelt werden ...

Fairneß heißt, Schieds- richterentscheidungen, die man nicht teilt, zu akzeptieren

Fairneß heißt, daß man sich trotz hartem Spiel an die Regeln hält

*) sign. > .01

———————— B-Jugend-Auswahl Niedersachsen
– – – – – – C-Jugend-Auswahl Niedersachsen

erfolgssportlichen Verhaltensorientierungen anzusetzen bemüht ist, zeigt, wie schwer es ist, hier Korrekturen einzubringen. Auf die Frage in der Fragebogenaktion das Fair-play-Cups „Was verstehst Du persönlich unter Fair play?" antwortete ein 13 Jahre alter Mittelfeldspieler: „Um ehrlich zu sein, habe ich persönlich nichts verstanden!" Er fand sogar die Frage und die Aktion selbst „nicht fair": „Sie wollen die Spieler mit Preisen zu Fairneß . . . zwingen!" Eine Aussage, die angesichts der folgenden Äußerungen von Trainern nur allzu verständlich ist. „Nun müssen wir aber aufpassen, daß die Jungs nicht vor lauter Fairneß vergessen, erfolgreich zu spielen", sagte ein Trainer, dessen Mannschaft an dem Fair-play-Cup teilnahm. Ein anderer war noch deutlicher: „Scheiß Fair-play-Cup, die Jungs spielen zu fair, die müssen bissiger werden" — so der neue Trainer des letztjährigen Fair-play-Cup-Siegers, nachdem die Mannschaft altersbedingt in der B-Jugendklasse spielt, in der ein härterer Wind weht. „Ich habe meiner Mannschaft nichts von dem Fair-play-Cup gesagt und die Wertung selbst vorgenommen, da wir noch aussichtsreiche Chancen hatten, C-Jugend-Bezirksligameister zu werden. Und ich befürchtete, daß bei Wissen um den Fair-play-Cup und die Bewertung von fairem Verhalten meine Jungs das eine oder andere Mal vor einem notwendigen Foul zurückschrecken könnten", so ein weiterer Trainer.

Das Fair play wird nach Ansicht des C-Jugend-Verbands-Fußballtrainers des Niedersächsischen Fußballverbandes, Horst Stockhausen (Regionalfernsehen NDR, 19. 07. 1989), „viel zu hoch gehängt". Er sei beim Verband dafür angestellt, erfolgreich zu sein, und da könne er nicht Rücksicht auf Fair-play-Bemühungen nehmen: „Wenn ein Mittelstürmer durchgeht, dann erwarte ich von meinem Libero oder Vorstopper, wenn der andere zu schnell ist, dann erwarte ich nicht, daß er ihn ummäht, um das einmal so zu sagen, aber es wird auch viel geredet von einem ‚humanen Foul‘. Zum Beispiel, daß er sich davorstellt, ihn blockt, d. h. sperrt, sperrt ohne Ball. Das ist aber immer noch eine vernünftige Sache, das heißt ja nicht, daß er ihn gesundheitlich schädigen soll. Aber das erwarte ich von einem Spieler, und da zeigt sich sicherlich eine gewisse Unsportlichkeit, die durch die Regeln auch geahndet wird, aber auf der anderen Seite auch eine gewisse Cleverneß. Und wenn das nicht mehr der Fall ist, dann werden wir im Fußball sicherlich viele Einbußen haben.“

Nicht nur ein Problem des Sports?

Obwohl die Befragungen jeweils von konkreter, sportbezogener Fairneß handelten, erwähnten die Jugendlichen mit zunehmendem Alter immer häufiger das Problem Fairneß außerhalb des Sports. Kinder bis zum Alter von 10 Jahren thematisierten nur das Problem der Fairneß im Sport. Bei den 10- bis 12jährigen taten dies 75,2 % der eingesandten Arbeiten, bei den 13- bis 15jährigen 45,3 %, bei den 16- bis 18jährigen nur noch 38,8 %. Bei den über 18jährigen gar behandelten lediglich 22,6 % allein das sportliche Fair play, während 67,7 % der Arbeiten nicht sportbezogene Fairneßfragen aufgriffen (z. B. Umwelt, Rücksichtnahme auf Randgruppen, Ausländer, Schwache, Ältere, Frieden, Auf-/Abrüstung, Umgang mit Minderheiten u. ä.). Dahinter steht die Erkenntnis, daß auch das Fairneßverhalten im Sport ein gesellschaftliches Problem ist, abhängig von umfassenderen gesellschaftlichen und kulturellen Werten und Normen sowie deren Verwirklichungsbedingungen. Alle Bemühungen um mehr Fairneß im Sport können, folgt man diesen Einschätzungen und Einstellungen von Jugendlichen, nur dann erfolgreich sein und weiterwirken, pädagogisch sinnvoll zu einer humaneren Gesellschaft beitragen, wenn sie die gesellschaftliche Verflechtung und Bedingtheit all dieser Orientierungen berücksichtigen. Solange nicht gesellschaftliche Zusammenhänge, Werthaltungen, Normen und Sinnorientierungen der sog. „Leistungsgesellschaft", die sich allzuoft als bloße Erfolgsgesellschaft geriert, genauer untersucht und kritisch diskutiert werden, solange laufen Fairneßinitiativen Gefahr, in vordergründigem Publizitätsaktionismus und beschwörendem Verbalismus zu versanden.

Die weibliche A-Jugend des TV Nendingen schreibt ebenso konzeptionell treffend wie möglicherweise utopisch: „Fairneß ist somit nicht nur ein Verdienst an sich selbst, sondern auch an seinen Mitmenschen und seiner Umwelt. Es ist die Konsequenz von Menschlichkeit und Nächstenliebe in unserer Gesellschaft, von der wir alle gleichermaßen unseren Nutzen haben. Wenn jeder versuchen würde, die genannten Punkte zu beachten und wirklich seinen Beitrag zur Fairneß zu geben, wenn also jeder, nicht nur im Sport, sondern auch in gesellschaftlichen Bereichen wie Schule, Beruf, Familie und Politik den Mut hat, trotz der Versuchungen standhaft zum Fair play zu stehen, dann wäre es durch die Summationswirkung möglich, unsere Gesellschaft, die aus dem Zusammenleben von Menschen besteht, in eine Gemeinschaft umzuwandeln, in der jeder für den anderen da wäre." Zu schnell wird vergessen, daß die Lehre vom Fair play sich weder allein auf detaillierte Regeln konzentriert noch durch bloße Sanktionen gestützt werden kann: „Es handelt sich nämlich um eine Geisteshaltung, die verbreitet werden muß, nicht um ein Gesetz, das es zu verkünden gilt": Solch ein klares Bekenntnis zur gesellschaftlichen Bedeutung von Fairneß im Sport legte auch Juan Antonio Samaranch, Präsident des Internationalen Olympischen Komitees, 1984 ab. Er forderte weiter: „Unsere Pflicht ist darum deutlich: Wir alle werden unaufhörlich dahin wirken, daß diese Geisteshaltung verbreitet werde, wobei wir von vornherein schon wissen, daß es immer wieder zur Gewaltanwendung kommen wird. Unsere Hoffnung, dies zu erreichen, beruht auf der Erziehung, nicht nur im Sport, sondern auch in der Moral und im Geist. Das ist kein leichter Prozeß, besonders in unserer Zeit." (Die internationale Ethikkommission des IOC und die Neuformulierung der olympischen Philosophie, die der IOC-Präsident zum Olympischen Kongreß 1981 in Baden-Baden in Aussicht stellte bzw. zu fördern gewillt war, blieben bis heute rhetorische Forderungen.) Es erscheint geradezu als paradoxe Ironie der Sportgeschichte, wenn gerade das IOC, nicht zuletzt durch das kompromißlose Kommerzialisierungs- und Telekratiestreben dieses Präsidenten selbst, durch die (außer für die Fußballer) totale Öffnung der Olympischen Spiele für Profis und eine hemmungslose Vermarktung der Spiele im Begriff ist, jener Doppelmoral zum völligen Durchbruch zu verhelfen, die es gerade durch Erziehung im und zum Sport, in der Moral und im Geist bekämpfen will. Man muß den olympischen Geist auch verbal in Szene setzen, ihn beschwören, selbst wenn er schon

im Würgegriff der zuvor erwähnten „4 M" des Top-
sports (s. S. 86) zu ersticken droht.

Kann Sport allgemein — zumal der heutige Erfolgs-
sport — auch künftig eine Vorbildfunktion für Mit-
menschlichkeit übernehmen? Wird er das Rad noch
einmal herumdrehen können, statt sich weiterhin an
die Werte und Normen der Erfolgsgesellschaft als
Ellbogengesellschaft der kompromißlosen Wett-
bewerber anzupassen? Vermag der Sport in Zukunft
Signale für eine humanere Gesellschaft, für einen fairen Umgang der Menschen miteinander zu setzen,
wie er es idealistisch in seiner philanthropisch-päd-
agogischen Phase beanspruchte? Kann er sein „moralisches Geschenk", das Ideal der Fairneß, wieder
mit neuem Leben erfüllen und der Erfolgsmoral ent-
gegenstellen? Können Geist, Ideal oder nur die Regeln der Fairneß in Wirtschaft und Politik überhaupt
zum Tragen kommen?

Fairneßfragen in der Wirtschaft

Stellvertreterkriege?

Wie kann man angesichts einer solchen verfahrenen Situation hoffen, daß bloße Appelle und Beschwörungen ausreichend geeignet sind, die Paradoxien, Konflikte und deren psychische Widerspiegelungen zu lösen? „Olympische Spiele sind billiger als Kriege und erfüllen dieselben Funktionen", schrieb die *Japan-Times* in den siebziger Jahren. Wer den Hochleistungswettkampfsport zur Fortsetzung des Krieges mit anderen, harmloseren Mitteln erklärt oder ihm sogar eine entsprechende Reinigungs- und Entlastungsfunktion beimißt, fördert nur die psychische wie die soziale Verstrickung. Wird der Sport zum Stellvertreterkrieg hochstilisiert, muß die entdramatisierende Mitteilung, dies sei „nur Sport", betulich, erbaulich bis lächerlich wirken. Ähnliches gilt für den internationalen Stellvertreterkrieg um Märkte, ökonomischen und technologischen Fortschritt, Pro-Kopf-Einkommen, Handelsüberschüsse usw. Man „erobert" Märkte, „greift" den Gegner an und „überrollt" ihn, „kämpft", „siegt" mit fast allen Mitteln und um fast jeden Preis. Wo bleibt da die metakommunikative Zurücknahme, dies sei „doch nur ein Spiel", „nur Sport"?
Freilich scheint es gelegentlich von Vorteil zu sein, den Schein zu wahren, Fairneß vorzugeben, um insgeheim um so wirksamer von der verdeckten Spaltung zwischen propagierter und praktizierter Handlungsmoral zu profitieren. Die Psychologen sprechen von gespaltenem Anspruchsniveau, wenn jemand öffentlich eine niedrigere Leistungserwartung präsentiert, als er sie insgeheim aufbaut. Gespaltene

Moralansprüche funktionieren umgekehrt: Wohlverhalten nach außen vortäuschen, kompromißlose Nutzung des Vorteils (sei es unter Regelverletzungen) nach innen. So kann man den weiteren Vorteil erreichen, daß Image und Erfolgsbilanz zugleich maximiert werden. Im übrigen zeigen wissenschaftshistorische und wissenschaftssoziologische Studien, daß eine Dynamik des Betrugs auch im Hochleistungssystem der wissenschaftlichen Forschung eingebaut ist: Auch hier widerstreiten gelegentlich, aber nicht unabhängig von Systemzwängen, überzüchtetes Erfolgsstreben in der Höchstkonkurrenzgesellschaft mit der Forscherethik und (beim Humanexperiment) mit der allgemeinen Moral. Täuschungen, Betrügereien oder unlautere Wettbewerbsvorteile sind besonders in nicht experimentkontrollierten Wissenschaften nicht unüblich, z. B. in der biomedizinischen Forschung an Hochleistungsuniversitäten und Forschungszentren der Vereinigten Staaten. „Publish or perish" — auch dies ein kennzeichnender Slogan. „I was under a lot of pressure... I had to earn the money for research, or die", gestand J. H. Cort, ein überführter Fälscher neuer Medikamente von der Mount Sinai School of Medicine der *New York Times* (27. 12. 1982). An die wirksame Selbstkontrolle des Forschers zu glauben erscheint ebenso naiv wie der Glaube an die Wirksamkeit von Fairneßappellen in Sport, Gesellschaft und Wirtschaft. Die heile Höchstleistungswelt ist eine Utopie.

Faire Wirtschaft?

Es ist schon vertrackt mit den Systemzwängen, den Verführungen zur Unfairneß in systemverschärfter Konkurrenz, zumal bei der Konkurrenz um Geltung, Gelder und Gehälter. Selbst der Präsident der Ärztekammer Niedersachsens meinte, der außerordentlich gestiegene Konkurrenzdruck führe zu einem Ansteigen der „Berufskriminalität unter Ärzten" — etwa in Gestalt des „Abrechnens von nicht erbrachten Leistungen, um das Einkommen zu sichern". Im verschärften Konkurrenzkampf werde auch das Werbeverbot für Ärzte „immer häufiger unterlaufen".

Glücklicherweise hat die Wirtschaft noch einige Möglichkeiten, das Ethikfieber geradezu zu nutzen. „The Economist" schrieb vor zwei Jahren, Ethik sei eine „Wachstumsindustrie" geworden, und in einer amerikanischen Fernsehsendung (Doonesbury 10. 8. 1986) antwortete ein führender Investment-Banker auf die Frage, ob es für Ethik im heutigen Geschäftsklima Raum gebe, überzeugt mit „Ja" und zeigte einen Film (mit einer versteckten Kamera aufgenommen) über ein Geschäftstreffen zweier Insider in der Wallstreet beim sogenannten Insider-trading: „Jim, ich brauche einige Insider-Informationen über den Reamco-Aufkauf. Könnten etwa 250 000 $ drin sein, Freundchen." „Nein, Stan, kann nicht. Diese Information ist vertraulich." „Wie ist es mit 400 000 $?" „Du verstehst mich nicht, Stanley, es ist illegal. Wichtiger noch: es ist falsch, ich könnte damit nicht leben." „O.k., 500 000 $." „Zuschlag (deal)." Kommentar des Moderators: „Ethics — a powerful negotiating tool!"

„Lieber fair als fies!" Dies möchten der NOK-Präsi-
dent Willi Daume und andere Initiatoren der Fairneßinitiative des deutschen Sports auch der Wirtschaft als Wahlspruch ins Stammbuch schreiben.
Läßt sich das sportliche Prinzip der Fairneß auf die
Wirtschaftskonkurrenz übertragen, oder besteht
hier ein unauflösbarer Konflikt? Diese Frage stellt
sich, weil viele Wirtschaftsvertreter in der Öffentlichkeit oder auch Firmen in ihrer sogenannten „Fir-
menphilosophie" (so z. B. die „Unternehmensphilo-
sophie" eines großen deutschen Pharmakonzerns:
„Unternehmen haben ... die Ausübung ihrer eigenen Macht auf ein faires Maß [zu] beschränken, so
daß Ängste in der Gesellschaft verringert werden")
faires Verhalten der Mitarbeiter zur Verpflichtung
machen. Firmenmanager pflegen in der Öffentlichkeit von der Gleichheit des Fairneßprinzips in Wirtschaft und Sport zu sprechen — so etwa Hinrichs
und Henkel (vgl. S. 83 und 87). Handelt es sich hierbei nun um echte verhaltenswirksame Regeln, die
nicht nur der Disziplinierung von Mitarbeitern und
zur Außenrepräsentation dienen, sondern für das
Verhalten gegenüber dem wirtschaftlichen Konkurrenten am Markt gelten? Gibt es Unterschiede zwischen Theorie und Praxis, welche die Anwendung
des Fairneßprinzips begrenzen oder gar unmöglich
machen — jedenfalls in der Form des sportlichen
Konkurrenzfairneßprinzips? Natürlich kann nicht
nur das Argument zählen, daß eine ideale Regelung
der Wirklichkeit niemals ganz entspricht. Umgekehrt kann auch die Standardpraxis von unfairem
Verhalten in Sport und Wirtschaft nicht als Argument gegen die Rechtfertigung der moralischen

Grundregel angeführt werden. Keine Wirklichkeit ist so rein wie das Ideal.

Fairneß gilt sicherlich auch als ein Leitbild wirtschaftlicher Konkurrenz, die aus übergeordneter Sicht am Markt grundsätzlich gleiche Erfolgschancen sicherstellen soll, da nur dann der Wettbewerb zu einem wirksamen Anreiz und zur Selektion der Produkte führt. Der Gesetzgeber versucht dies durch Kartellgesetze sowie durch rechtliche Regelung der Wirtschaftsordnung und des Wirtschaftslebens zu sichern. Faire Konkurrenz erst kann zu echter Qualitätsauswahl führen. Insofern enthält der reine Wettbewerbsgedanke die Grundidee, daß die (potentiellen) Konkurrenten annähernd gleiche Marktzutrittschancen haben sollten und daß der Kunde grundsätzlich nicht durch Wettbewerbsverzerrungen getäuscht wird. Er soll eine Wahl zwischen Qualitätsprodukten treffen können. Informations- und Markttransparenz sind weitere Grundideen der Sozialen Marktwirtschaft.

Andererseits drängen Märkte immer auch zu Monopolbildungen, zur Anhebung des Marktanteils und der eigenen Gewinnspanne. Ein Anreiz zur absoluten Marktbeherrschung ist in das (reale) System der Markt- und Preiskonkurrenz eingebaut. Es ist daher die Frage, inwieweit Unternehmen bzw. Eigner und Manager hier überhaupt an einer echten Chancengleichheit im Wettbewerb am Markt interessiert sind. Die wirtschaftliche Realität widerspricht dem Ideal in vielerlei Hinsicht, selbst wenn der Zwang zur Einhaltung der „guten Sitten" oder der Gepflogenheiten des „ehrbaren Kaufmannes" gegenüber dem Kunden und der Öffentlichkeit ins Feld geführt und dieser vielfach auch beachtet wird. Aus Gründen der Imagepflege und Reputationserhaltung? Jedenfalls kaum aus ethischen Motiven. Korruptionsskandale gibt es immer wieder. Mittlerweile erkennt sogar der Staat teilweise Schmiergelder als steuerlich absetzbare Betriebsausgaben für den Handel mit Ländern, in denen diese Praxis üblich ist, an...

Marktkonkurrenz kann unerbittlich sein. Das Streben nach Marktbeherrschung oder wenigstens Anteilserhaltung sowie Verdrängungswettbewerb scheinen gnadenlos und durch keinerlei Fairneßrücksichten gezügelt. Ebensolches gilt für Insidergeschäfte, verdrängungsorientierte Werbungs- und Marketingstrategien, Qualitätsvortäuschungen durch Preisbildungstaktiken, die nicht ausdrücklich gesetzlich verboten sind.

Lassen wir einmal die ungesetzlichen Tricks wie Bestechung, Preisabsprachen, Kartellbildungen usw. beiseite und konzentrieren uns auf die gesetzlich „erlaubten", weil nicht verbotenen, Strategien. Selbst der Nobelpreisträger Milton Friedman gibt in seinem berühmten Artikel „The Social Responsibility of Business is to Increase its Profits" zu, daß bestimmte Werte und Normen der Wirtschaftskonkurrenz als Spielregeln zu sehen sind — wie etwa eine grundlegende Übereinstimmung über individuelle Geschäftsfreiheiten und Privateigentum und gewisse gesetzliche Rücksichten. Andererseits meint er, darüber hinaus gäbe es „nur eine einzige soziale Verantwortung der Wirtschaft — ihre Ressourcen zu nutzen und sich so zu betätigen, daß sich ihre Gewinne vergrößern, solange sie innerhalb der Spielregeln (rules of the game) bleibt, d. h., solange sie sich in offenem und freiem Wettbewerb ohne Täuschung und Betrug betätigt". „The business of business is business"? Sollte dann nicht auch gelten: „The sport of sport is sport"?

Bücher über Wirtschaftsethik dehnen die Spielanalogie vom Sport in der Tat auf das Geschäftsleben aus — jedenfalls auf der allgemeinen Ebene: „Wir können schließen, daß, wenn die Wirtschaft überhaupt weitergeführt werden soll, es Regeln geben muß, die akzeptable Verhaltensformen bestimmen" (so etwa Hoffman und Moore). Das Überschreiten solcher Regeln sei falsch, da sie eine notwendige Bedingung und Voraussetzung für wirtschaftliche Aktivität überhaupt seien (ähnlich wie per Hand erzielte Tore im Fußball von der Spielverfassung her unerlaubt sind; wären sie die Regel, gäbe es kein Fußballspiel mehr). „That's not cricket", war ein alter Fairneßgrundsatz in Großbritannien, der auf wesentliche spieldefinierende und spielerhaltende Funktionen konstitutiver Spielregeln hinwies und übrigens auch auf die übrige geregelte Konkurrenz im Alltagsleben übertragen wurde.

Regeln sollen für die Einhaltung der fairen Chancengleichheit sorgen — wenigstens im Sport. Auch am Markt? Der Fairneßgedanke fordert, daß man den Regeln, welche die Chancengleichheit unter Konkurrenten definieren, auch wirklich folgt. Manche Wirtschaftsethiker meinen, dies sei eine direkte Folge des Moralbegriffs von Immanuel Kant. Der britische Staatsmann Henry Taylor hat zur Moral in der Politik pointiert festgestellt: „Falschheit hört auf, Falschheit zu sein, wenn auf allen Seiten verstanden wird, daß Wahrheit nicht erwartet wird."

Besteht ein wirklicher Unterschied zwischen Wirtschaft und Sport, wenn in der Wirtschaft Unternehmen als juristische Personen in Wettbewerb miteinander treten, aber nicht natürliche Personen als Handlungsträger? Im Sport gibt es Mannschaften und Vereine bzw. Verbände, die durch ihre Mitglieder oder Repräsentanten miteinander konkurrieren. Doch besteht in der Tat eine engere Beziehung zwischen dem Träger des sportlichen Erfolgs als natürlicher Person im unmittelbaren Wettkampf. Dagegen ist die Identifikation des einzelnen mit einem Großunternehmen abstrakter. Durch Täuschungs- oder Betrugsmanöver schädigt man nicht unmittelbar einzelne Personen, sondern den wirtschaftlichen Konkurrenten. Hat ein abstrakter Rollenträger in Gestalt einer Institution oder Firma ein moralisches Recht auf faire Behandlung, wenn keine gesetzliche, moralische oder gewohnheitsgestützte Regel dies fordert? Dies scheint ein Grund für die differenzierte Sicht des Fairneßprinzips zwischen Sport und Wirtschaft zu sein.

Ist Bluffen unfair?

Ist Bluffen in der Wirtschaft erlaubt? Gesetzlich ist es nicht verboten, außer in Form von Preisdumping, um Marktvorteile zu erlangen. Manche Wirtschaftsethiker wie Carr behaupten, Bluffen sei nicht nur eine verbreitete, sondern auch eine akzeptierbare Spielstrategie in der Wirtschaft — wie im Pokerspiel. Andere (wie Wokutch und Carson) halten das Bluffen für Täuschung — also für ein Verhalten, das moralisch zunächst falsch ist, erst durch besondere Zusatzrechtfertigung in bestimmten Bereichen zulässig wird. So sei etwa das „Argument der Standardpraxis": Überall in der Wirtschaft werde geblufft, nur dann überzeugend, wenn es keine Wahrhaftigkeitspflicht gegenüber Partnern gäbe und wenn wir von ihnen erwarteten, daß sie uns ebenfalls zu bluffen versuchen. Unterstellt wird hierbei, Bluffen sei in der Wirtschaft ein akzeptierbares Verhandlungsmittel, das sich auf bestimmte Formen beziehe und nicht die Wirtschaftsaktivität samt der Verläßlichkeitsatmosphäre für den Handel unterminiere. Man hält sich an die gesetzlichen Auflagen und rechtlichen Verpflichtungen, wie sie durch die Wirtschaftsverfassung vorgegeben sind, nutzt im übrigen nach dem Motto „Was nicht ausdrücklich verboten ist, ist erlaubt" alle Vorteilschancen. An grundlegender Wettbewerbs-, Chancen- oder gar Startgleichheit für andere Konkurrenten ist der Wirtschaftsakteur grundsätzlich nicht interessiert. Es gibt keine Fairneßregelung zur Sicherung gleicher Startchancen im wirtschaftlichen Wettbewerb. (Staatliche Startchancen, Hilfen für neuzugründende und junge Unternehmen durch Steuervorteile, Bereitstellung von Grundstücken und Gebäuden usw. werden im kommunalen wie staatlichen Interesse gegeben, sie entsprechen aber weder dem Grundinteresse noch der Zielstruktur und Selbstverpflichtung der bereits hart am Markt Konkurrierenden — außer diese werden selbst subventioniert.) Gnadenlose Verdrängung vom Markt findet statt — unter Umständen selbst gegen qualitativ bessere Produkte, wie die Beispiele der Markteroberung durch Personalcomputer und beim VHS-Videosystem durch Großfirmen zeigen. Wo unerbittliche Verdrängung herrscht, wo Transparenz nach Möglichkeit unterlaufen und jeder Vorteil im Sinne des elften Gebots „Du sollst dich nicht erwischen lassen" brutal genutzt wird, wo weder Interesse noch gesetzliche Regelung für eine wirklich effektive Chancen- und Startgleichheit besteht, kann von praktizierter Fairneß nicht die Rede sein. An wirklicher Chancengleichheit scheinen die Konkurrenten im wirtschaftlichen Wettbewerb beim Kampf der Märkte und Gedränge prinzipiell nicht interessiert — weniger jedenfalls als einst die Adepten im Kampf der Wagen und Gesänge.

In der Wirtschaft ist Bluffen auch innerhalb der offenen gesetzlichen Spielräume nicht systematisch durch formelle Fairneßregeln begrenzt — anders als im Sport. Im Sport muß das Bluffen als Finte sogleich erkennbar und im Rahmen der Regeln des Spiels erlaubt sein. Bluffvorteile durch Verletzung von *konstitutiven* Spielregeln sind im Sport nicht erlaubt. Eng umschriebene konstitutive Spielregeln, welche die Wettbewerbs- und Chancengleichheit wirklich effektiv garantieren und nicht nur in weitem Rahmen gegenüber ungesetzlichen Entartungen abgrenzen, sind im Wirtschaftswettbewerb am Markt praktisch nicht vorhanden. Daher die grundsätzliche Unanwendbarkeit der positiven, garantierenden Seite des Grundsatzes der Konkurrenzfairneß im Wirtschaftsleben. Umgekehrt haben wir gesehen, daß im Sport Gefahr wie Tendenz bestehen, den Fairneßgrundsatz im unkontrollierten Bereich durch Tricks zu Imagemanipulation verkommen zu lassen — je stärker der Erfolgsdruck. Je weniger es nur um symbolische, dafür um existentielle Dominanz im Sport geht, desto stärker wird Fairneß tendenziell erodieren, desto mehr werden taktische Fouls, unredliche Tricks und das „elfte Gebot" auch im Hochleistungssport zunehmen.

Über ein typisches Beispiel zum „Stand der ‚Kunst' des Bluffens" im Professionalsport berichtete der erfolgreiche Radrennfahrer Klaus-Peter Thaler. Er enthüllte reale Tricks, aber auch Mentalitäten und Hintergründe bei Straßenrennen: „In diesem Herbst ist der Klassiker Paris—Brüssel gefahren worden. Da gab es eine Spitzengruppe, in der zum

Schluß, glaube ich, noch zwei oder drei Fahrer drin waren — es waren zwei Fahrer. Der eine dieser beiden Fahrer war körperlich so weit am Ende, daß er ganz einfach nur noch am Hinterrad mitfahren konnte. Der Fachmann weiß, daß man da ungefähr vielleicht 60 oder 70 Prozent der Kraft braucht, die der führende Fahrer vorne aufzuwenden hat. Und dieser schwächere Fahrer hat gesagt: ‚Nimm mich mit bis ins Ziel, ich will nur Zweiter werden, du gewinnst das Rennen.‘ Das ist eine legitime Abmachung, das hat nichts mit Manipulation zu tun, sondern gehört ganz einfach zu diesem Sport dazu. Man muß sich erst mal zusammenraufen, man muß sich die Kräfte einteilen; es müssen beide arbeiten, um einen Vorsprung herauszufahren; und wenn es hinterher dann kritisch wird und der eine nicht mehr mitführen kann, dann gut, dann muß man eben das Abkommen treffen: Entweder er fährt auf Platz zwei dann nur noch mit, denn wenn er sagt, daß er hinterher trotzdem mitsprinten wolle, dann würde der andere sicherlich nicht die Arbeit für ihn machen. Diese Absprache wurde getroffen — der eine wollte Zweiter werden, der andere machte die Arbeit weiter —, dann kam es zum Spurt, und kurz bevor der, der die meiste Arbeit gemacht hatte, antreten wollte, um halt eben auch optisch, für die Zuschauer, zu zeigen, daß er der Stärkere war, da ist der andere ganz einfach vorbeigefahren; er hatte sich geschont, das Feld war hinten auf ein paar Sekunden herangefahren, der Stärkere hatte sich bis zum Anschlag ausgegeben, und der andere fuhr an ihm vorbei" (Zit. n. Ortner). Man könnte argumentieren, Bluffen sei wie in der Wirtschaft eben auch im Sport zulässig, stelle eine weit verbreitete Praxis dar. Dies ist richtig — jedoch nur in eingeschränktem Sinne: Auf dem Spielfeld darf ein Fußballspieler mit Finten und Vortäuschungen arbeiten (im Rahmen der zulässigen, grundsätzlich Chancengleichheit garantierenden Spielregeln). Er darf aber nicht Vorteile dadurch erlangen, daß er insgeheim die Regeln selber bricht und die von diesen garantierte, formelle Chancengleichheit manipulativ zu seinem Vorteil unterminiert, wie etwa durch Doping oder andere nicht erlaubte systematische oder fallweise Verzerrungen von Chancengleichheit. Weil im Wirtschaftsleben eine Definition der Startchancengleichheit und eine Regel der Wettbewerbschancengleichheit (außer über die gesetzlichen Auflagen gegen allzu starke Wettbewerbsverzerrungen) weder garantiert noch von den Konkurrenten selbst vertreten werden, kann von der Regel der Konkurrenzfairneß im wirtschaftlichen Wettbewerb nicht in gleicher Weise die Rede sein wie im Sport. Es gibt auch keine irgendwie von höherer Warte aus geforderte oder sanktionierte Ideologie oder Mahnung zur wirtschaftlichen Fairneß gegenüber Konkurrenten.

Grundsätzlich könnte man dem entgegenhalten, im Höchstleistungssport seien auch die einzelnen Sportler und Mannschaften nicht mehr (etwa vergleichend oder zeitlich gemeint) an einer echten, „fairen" Chancengleichheit des gegnerischen Konkurrenten interessiert, sondern nur noch am Sieg — und sei es um jeden Preis. Eine solche Argumentation würde aber gerade die Rechtfertigungszielsetzung im Sinne eines Standardarguments verdrehen: Dem Sinn des sportlichen Vergleichs liegen die Chancengleichheit und die Fairneß unaufgebbar zugrunde. Institutionen, Intentionen sowohl der Initiatoren als auch der beteiligten Individuen stimmen hier insoweit mit dem Ideal überein. Es geht gerade darum zu fragen, inwieweit der Sport im Zuge einer zunehmenden Konkurrenzorientierung nach dem Muster der kommerzialisierten Wettbewerbe und existentiellen Ellenbogengesellschaft dieses ursprüngliche Ideal verlassen hat. Der Status quo weitgehender Fairneßverletzungen kann nicht in ein Rechtfertigungsargument bzw. zur Begründung der Vergleichbarkeit beider Bereiche münden.

Der echte Athlet — sei er Amateur oder Professional — ist immer noch (wie übrigens auch das Publikum, zumal das sachverständige) am Gewinnen oder bestmöglichen Bestehen gegenüber gleich starken Gegnern interessiert. Deshalb suchen hochleistungsmotivierte Athleten qualitätsmäßig hochstehende Wettbewerbe. Sie streben nicht etwa danach, eine quantitative Anzahl untergeordneter Siege zu maximieren. Das gilt gerade auch in Sportarten, die nicht von der kommerziellen Versuchung heimgesucht werden, wie sie in manchen Disziplinen mit einer Olympia- oder Weltmeisterschaftsteilnahme verbunden ist. Ruderer sind beispielsweise — von einzelnen, etwa Einerfahrern, abgesehen — in kommerzieller und finanzieller Hinsicht und bei der Gewinnanhäufung geradezu echte Amateure geblieben.

Förderungschancen für Fairneß

Regelung durch Verfahren

Das Prinzip Fairneß ist ein besonders wichtiges und gerecht erscheinendes sozial-ethisches Leitideal unserer Gesellschaft, das diese aus dem Sport übernommen und verallgemeinert hat. Es richtet sich nicht nur auf eine angemessene Verteilung von Lasten und Kosten auf alle Beteiligten, die in einem gesellschaftlichen Bereich von der Zusammenarbeit profitieren, sondern es umfaßt auch eine Idee der Verteilungsgerechtigkeit sozialer Güter nach dem Maßstab einer anzustrebenden Gleichverteilung und des Ausgleichs für unverdiente Benachteiligungen, für die man nicht verantwortlich gemacht werden kann. Doch dies ist, wie wir sahen, bereits eine weitgehende Verallgemeinerung der zentralen Idee der Chancengleichheit und des fairen Umgangs der Partner in einer Konkurrenzsituation. Ursprünglich war Konkurrenzfairneß die Kernidee; sie konkretisiert sich in den Regeln der organisierten Auseinandersetzung. Die formelle Fairneß ist eine Funktionsnorm, welche die Gleichheit der Start- und Wettkampfchancen der Partner in der Konkurrenz gewährleisten soll. Insofern ist Fairneß eigentlich die Idee einer funktionalen Verhaltensnorm, die sich in der weiteren informellen Einstellung der Achtung gegenüber dem Konkurrenten und in der formellen Regeleinhaltung konkretisiert. Nicht nur im Sport, sondern bei allen Formen geregelter und gezügelter Konkurrenz spielen dementsprechend die Anforderungen an Chancengleichheit und Regeleinhaltung eine entscheidende Rolle. Je ernster und schärfer die Konkurrenz, je umfassender und härter der Einsatz an Energie, Zeit, Kosten, je mehr Reputation von der Konkurrenz abhängt, um so dringlicher müssen eine wirkliche Beachtung der Regeln und die Gewährleistung einer wirklich fairen Auseinandersetzung werden. Doch wo die Konkurrenz zu ernst gerät, unkontrolliert, ungezügelt „über die Stränge schlägt", dort wird die Norm des fairen Verhaltens zwar um so wichtiger, doch zugleich gefährdeter. Gerade die härteste Konkurrenz muß durch Regeln beschränkt werden, die effektiv wirken; denn unkontrollierte, ungezügelte Konkurrenz eskaliert leicht. Die Regeln müssen greifen und kontrollierbar sein. In Hochleistungskonkurrenzsystemen — besonders an der Spitze der Leistungsentwicklung — gibt es die Verführung zu Unfairneß; sie ist um so stärker, je bedeutsamer, ernster, vorteilhafter und existentiell wichtiger Leistung und Erfolg im Konkurrenzsystem sind. Wie im Spitzensport — im Wettkampfsport allgemein — gilt dies ebenfalls für die Konkurrenz in Wirtschaft und Wissenschaft. Man denke an James Watsons Bericht über das „Knacken" des genetischen Kodes in der Molekularbiologie im Wettlauf mit Linus Paulings Forscherteam. Selbst Nobelpreisträger (vor der Preiszuerkennung) haben sich hin und wieder unfairer Tricks bedient: So frisierte Millikan die Daten seines berühmten Öltröpfchenversuchs zur Bestimmung der elektrischen Elementarladung. Selbst der größte aller Naturforscher, Isaak Newton, machte Gebrauch vom „Mogelfaktor" und von unfairen Strategien zur Benachteiligung von Konkurrenten in Prioritätsstreitigkeiten.

So nimmt es nicht wunder, daß auch in wissenschaftlichen Berufs- oder Ethikkodizes bzw. Eidesformeln
für Wissenschaftler, Techniker, Ärzte, Journalisten
u. v. a. m. die Fairneßforderung gestellt wird. Der
Humanbiologe Hans Mohr schlug beispielsweise
unter anderem eine Reihe von „Geboten" für den
Wissenschaftler vor, die die Aufforderung umfassen:
„Sei fair! Manipuliere nie die Daten! Sei präzise!
Sei fair hinsichtlich der Priorität von Daten und
Ideen! . . ." Unparteilichkeit, Nichtinteressengebun-
denheit, Ehrlichkeit und Uneigennützigkeit gehören
typischerweise zu den in Ethikkodizes gefaßten Bestimmungen des Standesethos oder der Moral von
wissenschaftlichen Gesellschaften, Technikerverei-
nigungen und anderen Organisationen freier Berufe.
Neben der Verantwortung für das Wohl und die Zukunft der Menschheit sowie das Wohlergehen der
von den eigenen Forschungen Betroffenen wird oft
die Fairneß gegenüber Konkurrenten, Kollegen und
Klienten besonders betont. Die Amerikanische Che-
mische Gesellschaft beispielsweise fordert in ihrem
Ehrenkodex der Chemiker, „die Arbeiten der Kollegen großzügig anzuerkennen", die Anstrengungen
der Mitarbeiter „fair zu belohnen, sowohl finanziell
als auch durch Anerkennung ihrer Beiträge an der
wissenschaftlichen Arbeit", und gegenüber den
Kunden „ein getreuer und unbestechlicher Vermitt-
ler zu sein, Vertrauen zu schätzen, sie redlich zu bera-
ten und faire Rechnungen auszustellen". Ähnliches
gilt für viele Ethikkodizes von Ingenieursvereini-
gungen. Das als Empfehlung vom Verein Deutscher
Ingenieure 1950 angenommene „Bekenntnis des Ingenieurs" verlangt u. a., die „Grundsätze der Ehren-

haftigkeit, Gerechtigkeit und Unparteilichkeit, die für alle Menschen Gesetz sind", zu beachten und auch bei der Zusammenarbeit mit seinen Berufskollegen deren Tätigkeit so zu achten, „wie er für sein eigenes Schaffen gerechte Wertung erwartet". Das amerikanische Institute of Electrical and Electronics Engineers fordert in einer revidierten Fassung des Ethikkodex von 1979, daß die Mitglieder der Vereinigung „alle Kollegen und Mitarbeiter fair behandeln". Auch die neue Verhaltensrichtlinie des Amerikanischen Verbandes der Ingenieurvereinigungen (American Association of Engineering Societies) fordert, daß die Ingenieure „fair und gerecht sein" sollen gegenüber Kunden, Kollegen und Konkurrenten.

Häufig waren die Bestimmungen der Fairneßregeln in sogenannten Ethikkodizes der freien Berufe eher standesethische Absicherungen gegenüber interner Kritik an Kollegen. So forderten die Ingenieurkodizes früher ausdrücklich, daß ein Ingenieur die Arbeit eines anderen nicht begutachten oder kritisieren darf, außer mit Wissen oder Zustimmung jenes Ingenieurs. Vorgebliche Fairneß kann kontraproduktiv wirken oder zur Kaschierung von Unfairneß dienen. In den Zitaten und Beispielen wird deutlich, daß Ethikkodizes der Standesvereinigungen zwar häufig das Prinzip Fairneß als Verhaltensvorschrift enthalten, aber zumeist sehr pauschale und wenig detaillierte Formulierungen umfassen. Die Bestimmungen tragen im wesentlichen Appellcharakter. Ideale Forderungen und Appelle allein reichen nicht zur Regulierung des Konkurrenzverhaltens — zumal bei eskalierendem Wettbewerb. Es muß zu der geforderten idealen informellen Fairneß und zur formellen Regelung noch eine wirksame Kontrollinstanz hinzukommen. Das erwähnte Institute for Electrical and Electronics Engineers hat die Stützung der idealen Kodexforderungen durch institutionelle Verfahren und begleitende Gremien am weitesten geführt: Man gründete Ausschüsse (für das Studium ethischer Fragen), die Fälle analysieren, dokumentieren und begutachten, anonym zu Studienzwecken veröffentlichen, sowie andere Gremien, die Preise für besonders „ethisches" Verhalten, sozusagen Fairneßpreise, vergeben und andererseits auch Listen von unethischen Unternehmern aufstellen und veröffentlichen. Auf diese Weise wurden gewisse, zwar nur relativ wirksame, Kontrollmöglichkeiten institutionalisiert, die verhindern sollen, daß ein ethischer Ingenieur „entweder Märtyrer oder Opfer sein muß", wie es ein Betroffener (im berühmten und bestdokumentierten Fall des Bay-Area-Rapid-Transit-Unternehmens bei San Francisco) ausdrückte. Kurz: Es muß wirksame institutionelle Kontrollen und Regelungsinstanzen sowie Verfahren geben, damit Sanktionen — und seien sie nur symbolisch — greifen können. Viele Standesvereinigungen versuchen diese Probleme durch Ehrengerichte zu lösen. Doch ähnlich wie bei politischen Gremien läßt sich auf diese Weise nicht jeder Mißbrauch verhindern.

Es muß eine wirksame institutionelle Einbettung in Verfahren und Kontrollmöglichkeiten geben, damit Fairneßregeln wirklich sozial wirksam werden können. Dabei scheint es notwendig, daß eine sanktionsgestützte Rückkoppelung eingebaut wird. Beispielsweise kann es sich ein Wirtschaftsunternehmen nicht auf lange Sicht leisten, von den Regeln der „guten Kaufmannspraxis", der fairen Kunden- und auch Konkurrentenbehandlung merklich abzuweichen, ohne seinen Ruf zu verlieren und entsprechende

Rückschläge zu erleiden. Die eingebauten Rückkoppelungs- und Sanktionsverfahren müssen den in Hochleistungssystemen eingebauten Versuchungen zur (evtl. heimlichen) Unfairneß tendenziell entgegenarbeiten. Offenheit, Praktikabilität, verfahrensmäßige Absicherung und gesunder Realismus müssen zusammenwirken, um aus dem idealen Gedanken der Fairneß und der formellen Regelforderung ein wirksames Kontrollinstrument zu machen, das nur in institutioneller Einbettung funktionieren kann.

Ähnlich müßten auch im Hochleistungssport institutionelle Integration und verfahrensmäßige Kontrollen dazu führen, daß die Doppelmoral der Fairneßbeschwörung nach außen und der heimlichen unfairen Manipulation oder Regelübertretungen außer Funktion gesetzt wird. Man muß mit der Fairneß wirklich Ernst machen! Man muß die Lippendienst-Fairneß, die allzusehr den Anschein einer öffentlichen Alibistrategie erweckt oder gar nur eine eigentümliche Ohnmacht der Verantwortlichen kaschiert, ersetzen durch verfahrensgestützte Kontrollen und Umorganisationen.

Was kann dazu empfohlen werden?

Was können wir tun für einen faireren Sport?

„Fair is foul and foul is fair", läßt William Shakespeare seine Hexen in der ersten Szene von *Macbeth* intonieren. Zwar ist hier sicherlich nicht die sportliche Fairneß in der Auseinandersetzung gemeint, sondern die ursprüngliche, sehr viel weitere englische Bedeutung von „edel", „höflich", „schön" usw. (vgl. oben. S. 23). Und der Ausdruck „foul" ist ähnlich vieldeutig. Natürlich reizt dieses Wort zu unterschiedlichen Bedeutungskombinationen. Ist es nicht „unfair", wenn körperliche Schönheit, Kraft oder Intelligenz von vornherein erhebliche Startvorteile im Leben bieten, wenn die „natürliche Lotterie" über Erfolg und Karrieren entscheidet?

Doch für den Sport ergibt sich auch aufgrund unserer Analyse ein Deutungsmuster, an das weder Shakespeare noch zeitgenössische Theoretiker gedacht haben dürften. Indem die Fairneßeinstellung und auch die formelle Fairneßregel aufgeweicht werden, das taktische und heimliche Foul zur Gepflogenheit, zum erwarteten Verhalten wird, läßt sich fragen, ob „fair" nicht tatsächlich zum Foul geworden ist, die Fairneß faul zu werden droht. Gilt dies nicht zunehmend im Bereich des Spitzensports wie auch in Teilsystemen einer Ellenbogengesellschaft? Wie lassen sich solche Entwicklungen regulieren? Können im Bereich des Sports Änderungen und Anpassungen vorgenommen, zumindest entworfen werden, die einer wirksamen kontrollierenden Regelung dienen und unter Umständen symbolisch stellvertretend für andere Bereiche Vorbild werden? Was also kann man im Sport tun, um die Idealvorstellung des fairen Wettkampfes wieder wirksam werden zu lassen oder durch Untergliederung so abzuändern, daß der erzieherische Ideenwert des Sports erhalten bleibt bzw. wiederhergestellt wird?

Forderungen zur Förderung der Fairneß

Einige Alternativen zur Sicherung der sportlichen Fairneß werden im folgenden aufgelistet. Sie sind als Diskussions- und Denkvorschläge gemeint. Die

Aufzählung bedarf weiterer Systematisierung und Ergänzung.

1. Naheliegend wäre eine verschärfte Regelanwendung und -kontrolle durch Schiedsrichter, Ehrengerichte, Dopingkommissionen und internationale Sportverbände. Diese hätten zu einer verschärften Regelformulierung und -überwachung wirksame institutionelle Maßnahmen, Kontrollen und Sanktionen zu entwerfen und wirklich anzuwenden, um nationalistische oder durch andere Sonderinteressen geleitete Mißbräuche sportlicher Doppelmoral auszuschalten. Unangemeldete Dopingkontrollen im Training hatte einer von uns (Lenk) schon vor fünfzehn Jahren gefordert — damals ohne Resonanz. Was für die internationalen Kontrollorgane gilt, müßte für nationale Verbände und Kontrollverfahren ebenfalls eingerichtet werden. Generell sollte dringend die institutionelle Sportethik weiterentwickelt werden.

2. Eine besser ausgebildete Sondergerichtsbarkeit unter Beteiligung von externen Gutachtern, Schöffen oder Laienrichtern, könnte die zur Doppelmoral verführende Interessengebundenheit merklich mindern bzw. in ihrer Wirksamkeit beschränken. Nationale Entscheidungsgremien sollten durch internationale Kontrollexperten ergänzt werden. In Dopingfragen erweist sich dies als besonders dringlich. Erste internationale Absprachen und Kontrollansätze werden initiiert.

3. Nicht nur einzelne Athlet(inn)en sollten zur Verantwortung gezogen werden, sondern auch die verantwortlichen Betreuer, Trainer, Ärzte und Verbandsoffiziellen, die für die strukturellen Zwänge zur Unfairneß und die Spaltung der Moral mitverantwortlich sind. In der Dopingproblematik zeich-

net sich dieser Schritt derzeit bereits ab, wie das kanadische Beispiel im Gefolge der Dopingaffäre des disqualifizierten 100-m-Siegers von Seoul, Ben Johnson, zeigt. Auch bei solchen Funktionärsfällen müßten unabhängige, interessenungebundene, zum Teil ausländische Gutachter und ehrenamtliche Richter mitwirken. Wiederum: Die institutionelle Ethik samt Verfahren und Kontrollen ist auszubauen.

4. Um Athlet(inn)en davor zu schützen, individuell als Sündenböcke abgestempelt zu werden, was geradezu die allgemeine Aufmerksamkeit vom strukturellen Zusammenhang ablenkt, sollte man eine Art Ombudsmann für Athleten einführen — neben der zum Teil in deutschen Verbänden nunmehr verwirklichten Rolle des Aktivensprechers der Athleten, dessen Einrichtung auf die von einem von uns (Lenk) vor mehr als zwei Jahrzehnten vorgeschlagene Leitkonzeption des „mündigen Athleten" zurückgeht. Man könnte also ähnlich dem Wehrbeauftragten im Bundestag oder wie bei Natur- und Datenschutzbeauftragten an einen Fairneßbeauftragten für die Verbände denken, der jeweils Bericht zu erstatten hat und in den entsprechenden Entscheidungs- und Beurteilungsgremien aktiv mitwirkt. (Das mehrfach erwähnte Ceterum censeo zu einer institutionellen Einbettung der Sportethik ließe sich hier wie auch bei den folgenden Punkten wiederholen.)

5. Publizistische und institutionelle Möglichkeiten müssen weitgehend genutzt werden, um die Doppelmoral des „Fair nach außen, unfair nach innen" zu brandmarken und Appelle zu deren Bekämpfung in die Öffentlichkeit zu tragen und zu verbreiten.

6. Auch Aktionen zur Bekämpfung der sekundären Unfairneß, die durch manche sensationsgierigen Re-

porter und Journalisten (nicht der Fachpresse) gefördert wird, sollten in Verbindung mit den genannten Gutachtergremien, dem Ombudsmann und den verantwortlichen Verbänden ergriffen werden.

7. Appelle, Fairneßinitiativen, Marketingaktionen, wie sie nach dem Vorbild des Schweizer Sports auch vom deutschen Sport in den letzten Jahren ergriffen wurden, sind in der Tat wichtig und nötig, wenn sie auch nicht ausreichen zur Lösung der Probleme, sondern derzeit eher noch an Symptomen zu kurieren versuchen.

8. Die Erziehung zum Fairneßgedanken, zum fairen Verhalten ist unverzichtbar, förderungswürdig, ja, dringlich in einer Gesellschaft, die vielfach zu einer rüden Erfolgs- und Ellenbogengesellschaft zu verkommen droht. Schulwettbewerbe hierzu sind phantasiereicher auszugestalten und zu verbreiten. Die Hoffnung freilich, daß allein durch sportliche Fairneß und Fairneßerziehung die Unfairneß in der Ellenbogengesellschaft wirksam bekämpft oder gar geheilt werden könne, ist unrealistisch. „Wir sind kein Reparaturbetrieb der kaputten Gesellschaft", kommentierte grimmig Reinhard Rawe, Abteilungsleiter für Sportpolitik und Öffentlichkeitsarbeit beim Landessportbund Niedersachsen. Eine Symbolwirkung positiver Art mag allerdings vom Fair play des Sports ausgehen — wie derzeit eher eine negative von exemplarisch wirkender Unfairneß und Brutalität im Überlebenskampf des Ernstsports. „Der Sport kann und soll ein Beispiel dafür geben, daß Fairneß kein leerer Wahn ist — und doch kann der Sport dies nur demonstrieren, aber nicht erzwingen" (Sontheimer).

9. Es ist öffentlich sowie im Umgang mit Athleten und Verantwortlichen immer wieder auf die Wich-

tigkeit, den Wert und die Wirksamkeit der Fairneßidee und der Regeleinhaltung hinzuweisen und darauf, daß der strukturelle Systemzwang zur Unfairneß
in erster Linie nur in kleinen spektakulären Teilbereichen des Sports notorisch wurde, daß viele Bereiche des Normal- und Erholungs- sowie Breitensports noch weitestgehend dem Ideal und der Regel
des Fair play verpflichtet sind. Freilich ist den Anfän-
gen in der systembedingten Verführung zur Unfairneß schon im Jugendwettkampfsport Beachtung zu
schenken. Fairneßerziehung ergibt sich nicht von
selbst. Negative Beispiele wirken oft ansteckender
als positive, wenn sie mit eigenen Erfolgsinteressen
zusammengehen.

10. Es könnte auf den grundsätzlichen Unterschied
zwischen Normalwettkampfsport und Höchstlei-
stungs- oder Spitzensport nachdrücklich aufmerksam gemacht und eine entsprechende unterschiedliche Bewertung angeregt werden — gerade auch öffentlich. Vielleicht wären die Teilbereiche des pro-
fessionalisierten oder halbprofessionalisierten
Höchstleistungs- und Spitzensports auch stärker or-
ganisatorisch von denen des Normal- und Breitensports abzutrennen, wie es sich ohnehin in manchen
Ländern und Verbänden sowie bei einigen Theoreti-
kern abzuzeichnen beginnt. Eine Spaltung der Organisationen könnte als Alternative der Spaltung der
Moral folgen und die Ehrlichkeit, Glaubwürdigkeit,
Lenkbarkeit und Kontrollierbarkeit sowohl im Normalwettkampfsport als auch im artistischen Höchstleistungssport vergrößern. Vielleicht sollte man tatsächlich eine differenziertere Vielfalt von unterschiedlichen bereichsspezifischen „Sportmoralen"
(Meinberg) bewußt ausformulieren, die sich in ihrem
Pluralismus dennoch abgestuft um eine Kernnorm

(etwa um das formelle Fairneßgebot der Regelbeachtung) gruppieren.

11. Für den Spitzen- und Höchstleistungssport könnte man in der Tat an eine abgestufte schwächere Sanktionierung oder gar partielle Legalisierung des sog. taktischen Fouls ohne Verletzungsfolgen denken, indem man die weitverbreitete, vom Publikum erwartete, von Spielern und Trainern anerkannte Praxis differenzierter durch Regeln zu erfassen und zu kontrollieren sucht, indem man etwa verletzungsgefährliche Fouls (z. B. Wegsäbeln der Beine) schärfer als bisher (etwa stets durch die rote Karte) ahndet, ungefährliche taktische Fouls (wie Festhalten am Trikot) jedoch in differenzierter Abstufung, aber in geregelter Form der Sanktionenverschärfung ahndet oder gar teilweise zuläßt. Dies würde nur eine alle Tage geübte Praxis z. T. kontrolliert legalisieren und den meisten Scheinstrategien, Vortäuschungsversuchen, Tricks und Finten den Wind aus den Segeln nehmen. (Tendenziell wird im Fußball eine vielleicht noch zu einfache Sanktionendifferenzierung heute durch das Zeigen der „gelben" oder der „roten Karte" erzeugt; offenbar reicht diese Unterscheidung noch nicht aus.) Generell gilt: Sollte der strukturelle Zwang zur Unfairneß im Höchstleistungsspitzensport mit professioneller und existentieller Bedeutsamkeit nicht abzuändern sein, so sollte man ihn wenigstens handhabbar, d. h. kontrollierbar, machen.

12. Von entscheidender Wichtigkeit scheint eine Rücknahme der Überbetonung des Sieges und der Wichtigkeit des sportlichen Erfolgs, also der „Singulärsiegerorientierung", wie wir (Lenk) dies zuvor gefordert haben. Ob das durch Appelle an Medien und Öffentlichkeit zu erreichen ist, bleibt fraglich.

Zumindest sollten alle Anstrengungen in dieser Richtung unternommen werden. Die Verbände und Sponsoren des Sports haben hier eine besondere Verantwortlichkeit, indem sie nicht einseitig forcierte Erfolgsabhängigkeiten bei Trainern und Athleten erzeugen und verschärfen, sondern einer humanen Einschätzung nachordnen. Immerhin war es ein Karl Adam, der berühmte Rudertrainer der großen Achtermannschaften der 5oer und 6oer Jahre, ein oft als „Leistungsfetischist" verschriener Trainer, der uns als begeisterter Pädagoge, der er wirklich war, ins Stammbuch schrieb: „Nichtgewinnen ist kein Scheitern!" Sachlich gesprochen, sind die Leistungsunterschiede im Spitzenbereich oft so minimal, daß Glücks- und Zufallsfaktoren häufig den Ausschlag geben für einen Olympiasieg in der Konkurrenz gleich starker und gleich gut trainierter Sportler(innen). Freilich erscheint es utopisch, angesichts der finanziellen Nutzungsmöglichkeiten, die heutzutage mit olympischen Siegen (aber doch auch mit Silber- und Bronzemedaillen) verbunden sind, auf eine sachgerechtere öffentliche Beurteilung und Anerkennung der zweiten und dritten oder gar vierten Plätze zu hoffen.

13. Nicht nur Wettkampf führt zur Eigenleistung. Vielleicht muß der gesamte Sport sich neuen Herausforderungen stellen, wie sie sich in der neuen Spielbewegung („New Games") schon abzeichnen und sich mehr freizeitorientierten Natursportarten, kreativen Varianten und spielerischen Möglichkeiten des Trainings sowie des Breitensports öffnen. Die Welle des Superspitzensports scheint sich allmählich — übrigens auch was die Telegenität und Einschaltquoten angeht — zu überschlagen und künftig z. T. einer geänderten Interesseneinstellung für das sport-

liche „Do it yourself!", für das „Olympia des kleinen Mannes" in Gestalt von Eigenaktivitäten, Volksläufen, -radfahrten usw. zu weichen. Fairneß scheint besonders in nichtprofessionellen und nichtolympischen Sportarten nach wie vor en vogue. Wandert(e) die olympische Idee in die nichtolympischen Freizeitsportarten aus? Werden etwa die World Games nichtolympischer Sportarten — wie auch der Breitensport — zur neuen Heimat des Fair play?

14. Wir Deutschen sollten mehr Gelassenheit und Lockerheit lernen und auf diese Weise gleichsam automatisch Fairneßverhalten einüben. Der Spruch von Hardy Scharf über Urlaubsanfänge auf deutschen Autobahnen: „Überholen, Überholen, Überholen . . . — Üb' Erholen!" kann kongenial ergänzt werden durch eine Sentenz zum existentiellen Überleben im Konkurrenzdschungel der deutschen (und ebenso der amerikanischen) Ellenbogengesellschaft: „Überleben, Überleben, Überleben . . . — Üb' Erleben!" Warum so nicht auch im Sport? Wenn der offiziell organisierte Sport nicht den Kontakt mit und die Glaubwürdigkeit bei der jungen Generation verlieren will, wird er sich schnellstens und nachhaltig auf solche derzeit expandierenden Einstellungsänderungen einlassen und die mit ihnen verbundenen Werte ernst nehmen müssen. Sonst sitzt er eines Tages im Abseits und verwaltet nur den artistischen Hochleistungszirkus von Spitzenleistungsprofessionals und konkurrenzneurotischen Durchsetzungstypen.

15. Fairneß und Fair play sind zu wichtige ethische Orientierungswerte, als daß man sie mit marktschreierischen Alibi-Anpreisungen im Ausverkaufsbetrieb der Ellenbogengesellschaft verramschen dürfte.

Im Gegenteil könnten die Ideen und das Prinzip Fairneß unter geeigneten Regelungs- und Kontrollbedingungen, bei gelassenerer Einstellung und insbesondere angesichts der eigenständigen, erlebnisorientierten Aufbruchstimmung der jungen Generation auch künftig noch zu einem Leitwert für andere gesellschaftliche Bereiche werden. Erst dann könnte man wirklich statt der heute üblich gewordenen Verkürzung „fair geh!" mit Überzeugung und ohne selbstbeschwörerisches Wunschdenken dem notorischen Slogan der Fair-play-Initiative vertrauen: „Fair geht vor!" Nur so ließe sich auch Murphys Fairneßgesetz (in *Murphys Golf-Gesetzen* bezeichnenderweise „das Verlierergesetz" genannt) wirksam widerlegen: „Der erste Mythos über sportliche Fairneß besteht in der Behauptung, es gäbe sie."

Die alternative Happy-end-Version des Buches müßte lauten: Es gibt sie noch — die Fairneß — in Teilbereichen. Man müßte aber Bedingungen schaffen, sie wieder allgemeiner wirksam zu machen.

Literatur

Aspin, D.: Ethical Aspects of Sport and Games and Physical Education. in: Proceedings of the Philosophy of Education Society of Great Britain. Volume IX 1975, 49−71.

Association Francaise pour un sport sans violance et pour le fair play: Ressemblement contre la violance dans le sport et autour du sport. Paris 1985.

Baier, K.: Maximization and Fairness. In: Ethics 96 (1985), 119−129.

Bateson, G.: Ökologie des Geistes. Frankfurt 1985 (Engl. Orig. 1972).

Bengtson, H.: Die Olympischen Spiele in der Antike. Zürich − Stuttgart 1978.

Bourdieu, P.: Historische und soziale Voraussetzungen modernen Sports. In: Hortleder, G. − Gebauer, G. (Hg.): Sport − Eros − Tod. Frankfurt 1986, 91−112.

Bowie, N.: Business Ethics. Englewood Cliffs, N. J. 1982.

Bredemeier, B. J. − Shields, D. L. − Weiss, M. R. − Cooper, B. A. B.: The Relationship of Sport Involvement with Children's Moral Reasoning and Aggression Tendencies. In: Journal of Sport Psychology 8 (1986), 304−318.

Briam, K.-H.: Sport und Ethik. In: Niedersachsen-Fußball-Magazin. 3 (1986, Sonderausg. Dez.), 1−4.

Broad, W. − Wade, N.: Betrug und Täuschung in der Wissenschaft. Basel 1984.

Brown, W. M.: Ethics, Drugs, and Sport. In: Journal of the Philosophy of Sport 7 (1980), 15−23.

Carr, A. Z.: Is Business Bluffing Ethical? In: Harvard Business Review 1968 (Januar/Februar). Auch in: Hoffman-Moore 1984, 451−456.

Chaucer, G., zit. in Heraucourt, W.: Die Wertwelt Chaucers, die Wertwelt einer Zeitenwende. Heidelberg 1939, S. 41.

Daume, W.: Die Bedeutung von Fairneß und Fair play für die Entwicklung des Sports. In: Mentz, S. (Hg.): Fair play im Abseits? Die Bedeutung von Fairneß für die Entwicklung des Sports. Rehburg-Loccum 1986 (Loccumer Protokolle 1/1986), 11−18.

De George, R. T.: Business Ethics. New York 1982.

Deutsche Olympische Gesellschaft: Fairplay. Die Initiative der Deutschen Olympischen Gesellschaft. Von der Idee zur Realisierung. Vervielf. Ms. München 18. 2. 1986.

Deutsche Olympische Gesellschaft: Fair geht vor. Fair-play-Initiative des deutschen Sports. Frankfurt 1988.

Deutscher Bundestag, 11. Wahlperiode, Sportausschuß: Humanität im Spitzensport. Öffentliche Anhörung von Sachverständigen. Stenographisches Protokoll der 6. Sitzung des Sportausschusses am 14. 10. 1987 (vervielfältigt).

Dunning, E. — Sheard, K. G.: Die Entstehung des Amateurideals — dargestellt am Beispiel des Rugbyfußballs. In: Hopf, W. (Hg.): Fußball — Soziologie und Sozialgeschichte einer populären Sportart. Bensheim 1979, 82—92.

Eckert, R.: Die Wurzeln und Ausformungen von Gewalt — Eine Analyse von Entwicklungen in unserer Gesellschaft. In: Protokolldienst 10/87 der Evang. Akademie Bad Boll 1987, 2—22.

Eisenberg, Ch.: The Middle Class and Competition: Some Considerations of the Beginning of Modern Sport in England and Germany. Vortrag Institute for Advanced Study, Princeton, 18. 2. 1988 (Ms.).

Elias, N.: Der Fußballsport im Prozeß der Zivilisation. In: Lindner, R. (Red.): Der Satz „Der Ball ist rund" hat eine gewisse philosophische Tiefe. Berlin 1983, 12—21.

Elias, N.: Die Genese des Sport als soziologisches Problem. In: Elias, N. — Dunning, E.: Sport im Zivilisationsprozeß. Münster 1984, 9—46.

Elliot, G. C. — Meeker, B. F.: Achieving Fairness in the Face of Competing Concerns: The Different Effects of Individual and Group Characteristics. In: Journal of Personality and Social Psychology 50 (1986), 754—760.

Evangelische Akademie Bad Boll: Fairneß — Aggression und Gewalt im Sport und seinem Umfeld (Tagung 12.—14. 12. 86). Protokolldienst der Evangelischen Akademie Bad Boll 10/1987.

Evangelische Akademie Baden/Arbeitskreis Kirche und Sport in Baden: Fairneß in Sport und Gesellschaft. Herrenalber Protokolle 40.

Fetscher, I.: „Er ist nicht mein Sklave, er ist Champion, und ich trainiere ihn": Über Ethik im Sport, das Bild des Sportlers und die Vermischung von Sport und Politik. Frankfurter Rundschau 3. 7. 1989.

Fey, U.: Fairneß im Sport: Erst tritt der Fuß, dann soll die Hand entschuldigen. Frankfurter Allgemeine Zeitung 8. 7. 1988.

Finley, M. J. — Pleket, H. W.: Die Olympischen Spiele der Antike. Tübingen 1976.

Fraleigh, W. P.: Right Actions in Sport. Ethics for Contestants. Champaign, IL: Human Kinetics 1984.

Franke, E. (Red.): Ethische Aspekte des Leistungssports. Clausthal-Zellerfeld 1988 (DVS-Protokolle 33).

Franke, E.: Ethische Fragen im Sport. In: Schwenkmezger, P. (Hg.): Sportpsychologische Diagnostik, Intervention und Verantwortung. Köln: bps 1988, 40—65.

Frankena, W. K.: Analytische Ethik. München 1972.

French Commitee for Fair Play, Sonderdruck o. O., o. J. (1971).

French, P.: Collective and Corporate Responsibility. New York 1984.

Friedman, M.: The Social Responsibility of Business is to Increase its Profits. In: New York Times, The New York Times Magazine. 13.9. 1970. Auch in: Hoffman-Moore 1984, 126—131.

Galtung, J.: Sport as Carrier of Deep Culture and Structure. In: Current Research on Peace and Violence 5 (1982), 133 — 143.

Gehrmann, S.: Fußball-Verein-Politik. Zur Sportgeschichte des Reviers 1900-1940. Essen 1988.

Gert, B.: Die moralischen Regeln. Frankfurt 1983.

Griffin, J.: Some Problems of Fairness. In: Ethics 96 (1985), 100 — 118.

Griffin, J.: Reply to Kurt Baier. In: Ethics 96 (1985), 130 — 135.

Güldenpfennig, S.: Frieden — Herausforderungen an den Sport. Ansätze sportbezogener Friedensforschung. Köln 1989.

Guttmann, A.: Ursprünge, soziale Basis und Zukunft des Fair play. Sportwissenschaft 17 (1987), 9 — 19.

Hahn, E. — Remans, A. (Red.): Promotion of Fair Play. Brüssel 1988 (Debacker-Van Ocken-Stiftung).

Hahn, E. u. a.: Fanverhalten, Massenmedien und Gewalt im Sport. Schorndorf 1988.

Hardin, G.: The Tragedy of the Commons. In: Science 162 (1968), 1243 — 1248.

Haubrich, W.: Die Bildsprache des Sports im Deutsch der Gegenwart. Schorndorf 1965.

Hauk, G.: Fußball — eine „proletarische Sportart" im Arbeiter-Turn- und Sportbund? In: Teichler, H. J. — Hauk, G. (Hg.): Illustrierte Geschichte des Arbeitersports. Bonn 1987, 160 — 168.

Heinilä, K.: Ethics of Sport. Junior Football Players as Cross-National Interpreters of the Moral Concepts of Sport. Berichte University of Jyväskylä, Department of Sociology and Planning for Physical Culture. Jyväskylä 1974, Nr. 4.

Henkel, H.-O.: Ist Erfolg wichtiger als Fairneß? Sports International 1988, Nr. 5, 171.

Heringer, H. J.: Regeln und Fairneß (Im Druck in: Sportwissenschaft).

Heß, C.: Sportethik, Sportethos, Fairneß. In: Gieseler, K.-H. (hg. i. A. des DSB): Menschen im Sport 2000. (DSB-Kongreß „Menschen im Sport 2000" 1987). Schorndorf 1988, 145 — 157.

Hinrichs, H. J.: Sport und Wirtschaft — Kein Platz für Ethik? Referat NOK-Ethik-Seminar „Erst das Siegen, dann die Moral?" Hannover 13. 4. 89 (vervielfältigt).

Hoffman, W. M. — Moore, J. M.(1984): Business Ethics. New York u. a. 1984.

Homer: Ilias XXIII; Odyssee VIII.

Indorf, H.: Fair play und der englische Sportgeist. Hamburg 1938.

Jakobi, P. — Roesch, E. (Hg.): Sport und Menschenwürde. Mainz 1982.

Jost, E.: Die Fairneß. Ahrensburg 1973[2].

Kähler, R.: Moralerziehung im Sportunterricht. Frankfurt/Thun 1985.

Kant, I.: Grundlegung zur Metaphysik der Sitten (1785). In: Kants Gesammelte Werke (Akademie-Ausgabe), Bd. IV, 385 — 464.

Kayser, D.: Bericht (zu Heß, C., ebd. 158—161).

Keating, J. W.: Sportsmanship as a Moral Category (1965). Wiederabgedr. in Keating, J. W.: Competition and Playful Activities. Washington: University Press of America 1978.

Kircher, R.: Fair play: Sport, Spiel und Geist in England. Frankfurt 1927.

Kretchmar, R. S.: Ethics and Sport: An Overview. Journal of the Philosophy of Sport 10 (1984), 21—32.

Kuchler, W.: Sportethos. München 1969.

Lämmer, M.: Zum Verhalten von Zuschauern bei Wettkämpfen in der griechischen Antike. In: Spitzer, G. — Schmidt, D. (Red.): Sport zwischen Eigenständigkeit und Fremdbestimmung. Köln 1986.

Lenk, H.: Werte, Ziele und Wirklichkeit der modernen Olympischen Spiele. Schorndorf 1964 (1972²).

Lenk, H.: Social Philosophy of Athletics. Champaign, IL: Stipes 1979.

Lenk, H.: Herausforderung der Ethik durch technologische Macht. In: Lenk, H.: Zur Sozialphilosophie der Technik. Frankfurt: Suhrkamp stw 414 1982, 198—248.

Lenk, H.: Eigenleistung. Osnabrück/Zürich: Ed. Interfrom T+T 164, 1983.

Lenk, H.: Die achte Kunst. Osnabrück/Zürich: Ed. Interfrom T+T 176, 1985.

Lenk, H.: Aspekte einer Pragmatisierung der Ethik — auch für die Sportethik. In: Cachay, K. — Digel, H. — Drexel, G. (Red.): Sport und Ethik. Clausthal-Zellerfeld 1985 (DVS-Protokoll Nr. 16), 1—20.

Lenk, H.: Verantwortung und Gewissen des Forschers. In: Neumaier, O. (Hg.): Wissen und Gewissen. Wien 1986 (Conceptus-Studien Nr. 4), 35—55.

Lenk, H.: Zwischen Wissenschaftstheorie und Sozialwissenschaft. Frankfurt: Suhrkamp stw 637, 1986.

Lenk, H.: Zwischen Sozialpsychologie und Sozialphilosophie. Frankfurt: Suhrkamp stw 708, 1987.

Lenk, H.: Über Verantwortungsbegriffe und das Verantwortungsproblem in der Technik. In: Lenk, H. — Ropohl, G. (Hg.): Technik und Ethik. Stuttgart: Reclam 8395, 1987, 122—148 (1987 a).

Lenk, H.: Verantwortung und Gewissen als Zuschreibungsbegriffe. Zeitschrift für philosophische Forschung 41 (1987), 571—591 (1987 b).

Lenk, H. — Maring, M.: Verantwortung und soziale Fallen (im Druck in: Ethik und Sozialwissenschaften 1 [1990]).

Lienen, E.: Ellenbogengesellschaft: Gewalt im Sport. In: Lienen, E. u. a. (Hg.): Oh!lympia — Sportpolitik, Lust, Frust. Berlin: Elefantenpress 1983, 36—38.

Lipoński, W.: Recognizing the Celts: Some Remarks on the British Origins of the Modern Fair Play Concept. Vortrag Budapest 25.—26. 2. 1988 (Manuskript).

Lippert, P.: Fairneß — Beobachtungen zur Entstehung einer Wertvorstellung. In: Jakobi, P. — Rösch, E. (Hg.): Sport ohne Ethos? Mainz (Topos-TB 89) 1979, 33—47.

Lippert, P.: Fairneß. In: Studia Moralia 17 (1979), 231—266.

Loland, S.: What is Fair play in Sports Contests? (Vortrag der Sektion Sportphilosophie [Philosophic Society for the Study of Sport] beim XVIII. Weltkongreß für Philosophie, Brighton/England, 24. 8. 1988).

Lucas, J. R.: Unfair. In: ders.: On Justice. Oxford 1980, 1—19.

Lüschen, G.: Cooperation, Association, and Contest. In: Journal of Conflict Resolution 14 (1970), No. 1, 21—34.

Maier, W.: Taktisches Foul und Fairneß — ein ethisches Dilemma. Leibeserziehung und Leibesübungen 1985, 74—76.

Marcuse, L.: Von der Egalité zum Fair play. In: Marcuse, L.: Das Märchen von der Sicherheit. Zürich 1981, 87—107.

McIntosh, P.: Fair play: Ethics in Sport and Education. London: Heinemann 1979.

Meinberg, E.: Ethische Dimensionen des Sports und der Sportwissenschaft. In: Deutsche Sporthochschule Köln (Hg.): Brennpunkte der Sportwissenschaft. Sportwissenschaften zwischen Tradition und Zukunft. 2. Suppl. Sankt Augustin 1988, S. 25—35.

Meinberg, E.: Plädoyer für eine neue Ethik des Sports. In: Universitas 44 (1989), Nr. 517, H. 7, 690—697.

Menzel, R.: Nachwort. In: Lebeck, R.: Auf- und Rückschläge. Dortmund 1982, 119—130.

Militärregierung für Bayern (1947) Presseabteilung, Nachrichtenkontrollamt: Wegweiser zu gutem Journalismus (darin Kodex für journalistische Ethik nach dem der Wisconsin Press Association). Sonderdruck o. O. 1947.

Müller, N.: Reflections upon the Dimension of Fairplay, in View of the Growing Violence in Sport. In: Müller, N. — Rühl, J. (Hg.): Sport History. Proceedings of the Eugene Olympic Scientific Conference 1984. Niedernhausen/Ts 1985, 478—486.

Müller, U.: Notizen zur Bedeutungsgeschichte der Fairneß. In: Sportunterricht 38 (1989), 94—102.

Müller, U. — *Pilz, G. A.:* Sei sportlich — sei fair. Abschlußbericht über die Fair-play-Initiative der Württembergischen Sportjugend. Schorndorf 1987.

Murphys Golf-Gesetze. München 1989.

N. N.: Fuß rumdrehen. In: Der Spiegel 1988, Nr. 1, 115—117.

Olivova, V.: Sport und Spiel im Altertum. München 1985.

Ortner, H.: Beruf Sport. Frankfurt 1984.

Ossowska, M.: Gesellschaft und Moral. Düsseldorf 1972.

Pilz, G. A.: Sport und körperliche Gewalt. Reinbek 1982.

Pilz, G. A.: Wandlungen der Gewalt im Sport. Ahrensburg 1982.

Pilz, G. A. u. a.: Sport und Gewalt. Schorndorf 1982.

Pilz, G. A.: Zur gesellschaftlichen Bedingtheit von Sport und Gewalt. In: Kaeber, H. — Tripp, B. (Red.): Gesellschaftliche Funktionen des Sports. Bonn 1983, 147—170.

Pilz, G. A.: Sport im Spannungsfeld von Friedfertigkeit und Gewalt. In: Becker, H. (Red.): Sport im Spannungsfeld von Krieg und Frieden. Clausthal-Zellerfeld 1985, 210—230.

Pilz, G. A.: Fairer Sport — Wunschtraum oder Wirklichkeit? In: Magglingen 1983, 12, 2—6, (ausführlicher) in: Bezirksregierung/Bezirkssportbund Lüneburg (Hg.): Fairneß im Sport. Lüneburg 1986.

Pilz, G. A.: Der LVM/NFV-Fair-play-Cup — ein Beitrag zur Erziehung zum Fair play. In: Sportunterricht 38 (1989), 102—110.

Pilz, G. A. — *Trebels, A. H.:* Spielregelung in den Mannschaftsspielen als pädagogisches Problem. In: Dietrich, K. — Landau, G. (Hg.): Beiträge zur Didaktik der Sportspiele. Teil II, Schorndorf 1977, 98—118.

Pilz, G. A. — *Wewer, W.:* Erfolg oder Fair play? Sport als Spiegel der Gesellschaft. München 1987.

Pindar: Pindars Olympische Oden (übersetzt und herausgegeben von Wolfgang Schadewaldt). Frankfurt 1972.

Rahe, B.: Fair play in Schule und Erziehung. Schulverwaltungsblatt Niedersachsen 3/1987, 78—84.

Rasinski, K. A.: What's Fair is Fair — Or is it? Value Differences Underlying Public Views about Social Justice. In: Journal of Personality and Social Psychology 53 (1987), 201—211.

Rawls, J.: Eine Theorie der Gerechtigkeit. Frankfurt 1975.

Rees, C. R. — *Miracle, A. W.:* Conflict Resolution in Games and Sports. In: International Review for Sociology of Sport 19 (1984), 145—155.

Rösch, H.-E.: Fairneß heute. In: Jakobi P. — Rösch H.-E. (Hg): Sport ohne Ethos?. Mainz 1982, 48—63.

Rogers: The American Spirit in Scholastic Games and Sports. 1929.

Samaranch, J. A.: Die Geiselnahme des Sports schafft neue Konflikte. In: DSB (Hg.): Fair miteinander leben. Frankfurt 1984, 8—10.

Schöbel, H.: Olympia und seine Spiele. Gütersloh 1984[6].

Schreiber-Rietig, W.: Dabeisein ist doch nicht alles. Frankfurter Rundschau 3. 7. 1989.

Schumacher, H.: Wird nicht jeder Fairneßpreis zur Farce? In: Olympisches Feuer 39 (1989), Nr. 3, S. 16—19, S. 17.

Scott, J.: Sport and the Radical Ethic. In: Quest 19 (Jan. 1973).

Segal, E.: „To win or Die": A Taxonomy of Sporting Attitudes. In: Journal of Sport History 11 (1984), 25—31.

Shea, E. J.: Ethical Decisions in Physical Education and Sport. Springfield, IL: Thomas 1978.

Simmons, A. J.: The Principle of Fair Play. In: Philosophy and Public Affairs 2 (1979), 307—337.

Simon, R. L.: Sports and Social Values. Englewood Cliffs, N. J. 1985.

Sontheimer, K.: Fair miteinander leben. In: Deutscher Sportbund (Hg.): Bundestag 1984 des DSB in Bad Homburg. Frankfurt 1984, 3 — 8.

Strotzka, H.: Fairness, Verantwortung, Fantasie. Wien 1983

Titze, St.: Zur Geschichte der Fairneß. Eine sporthistorisch-philosophische Studie über die gesellschaftliche Bedeutung der Verknüpfung von Sport und Moral. Staatsexamensarbeit. Freie Universität Berlin, Institut für Sportwissenschaft 1988.

Trebels, A. H.: Fairneß im Sport und ihr moralischer Gehalt. Zur Diskussion von Fair-play-Initiativen. In: Sportunterricht 38 (1989), 85 — 93.

Wachter, F. de: Spielregeln und ethische Problematik. In: Lenk, H. (Hg.): Aktuelle Probleme der Sportphilosophie — Topical Problems of Sport Philosophy. (Schriftreihe des Bundesinstituts für Sportwissenschaft, Band 46), Schorndorf: Hofmann 1983.

Weber, D.: Hinterlist aus Hilflosigkeit. Foulspiel im Management. In: Management Wissen 10/1987, 80 — 100.

Weltrat für Sport und Leibeserziehung: Declaration on Fair Play. Sonderdruck, Paris o. J. (1976).

Weizsäcker, R. v.: Grundsätze und Grenzen des Sports in der Gesellschaft. Ansprache des Bundespräsidenten vor dem Nationalen Olympischen Komitee in München (16. 11. 85). In: Bulletin des Presse- und Informationsamtes der Bundesregierung Nr. 131, S. 1149 — 1154 (Zitat: S. 1154; der erste Satz wurde aus der mündlich vorgetragenen Fassung zitiert).

Westermann, L.: Es muß nicht immer Lorbeer sein. Wien 1977.

Willimczik, K.: (Irr-)Wege einer Ethik der Sportwissenschaft (im Druck in Spectrum der Sportwissenschaften, H. 1, Wien 1989).

Wischmann, W.: Die Fairneß. Frankfurt/Wien 1962.

Wissenschaftliche Kommission des Arbeitskreises „Kirche und Sport" der Katholischen Kirche Deutschlands: Fair play — ein Beitrag zur Überwindung der Brutalität im Sport. In: Jakobi — Rösch 1982, 205 — 211.

Wokutch, R. E. — Carson, T. L.: The Ethics and Profitability of Bluffing in Business. In: Hoffman — Moore 1984, 457 — 462.

Zeigler, E. F.: The Pragmatic (Experimentalistic) Ethic as it Relates to Sport and Physical Education. In: Zeigler, E. F.: Personalizing Physical Education and Sport Philosophy. Champaign, IL: Stipes 1975, 79 — 121.

Zeigler, E. F.: Ethics and Morality in Sport and Physical Education. Champaign, IL: Stipes 1984.

Zeigler, E. F.: Sport Ethics in World Perspective. Vervielfältigtes Ms. University of Western Ontario, London, Ont., Kanada 1985.

TEXTE + THESEN

LIEFERBARE TITEL

Politik

Arnim, Hans Herbert von
Macht macht erfinderisch
Der Diätenfall: ein politisches Lehrstück
ISBN 3-7201-5214-6   14,-

Fromme, Friedrich K.
Der Parlamentarier — ein Freier Beruf?
ISBN 3-7201-5103-4   12,-

Gysling, Erich
Arabiens Uhren gehen anders
Eigendynamik und Weltpolitik in Nahost
ISBN 3-7201-5149-2   14,-

Heck, Bruno
Vaterland Bundesrepublik?
ISBN 3-7201-5174-3   14,-

Hellmer, Joachim
Anpassung oder Widerstand?
Der Bürger als Souverän —
Grenzen staatlicher Disziplinierung
ISBN 3-7201-5201-4   14,-

Hillgruber, A./Hildebrand, K.
Kalkül zwischen Macht und Ideologie
Der Hitler-Stalin-Pakt:
Parallelen bis heute?
ISBN 3-7201-5125-5   12,-

Höpker, Wolfgang
Aktionsfeld Pazifik
Politik, Wirtschaft, Strategie
ISBN 3-7201-5112-3   12,-

Höpker, Wolfgang
Sozialistische Internationale
Aufschluß über eine unbekannte Größe
ISBN 3-7201-5148-4   14,-

Kirsch, Botho
Westdrall — Ostdrift
Wie selbständig darf deutsche Politik sein?
ISBN 3-7201-5184-0   14,-

Langguth, Gerd
Der grüne Faktor
Von der Bewegung zur Partei?
ISBN 3-7201-5169-7   14,-

Laufer, Heinz
Bürokratisierte Demokratie
ISBN 3-7201-5157-3   14,-

Lendvai, Paul
Das einsame Albanien
Reportage aus dem Land der Skipetaren
ISBN 3-7201-5177-8   14,-

Lendvai, Paul
Das eigenwillige Ungarn
Von Kádár zu Grósz
ISBN 3-7201-5195-6   14,-

Lobkowicz, Nikolaus
Marxismus und Machtergreifung
Der kommunistische Weg zur Herrschaft
ISBN 3-7201-5101-8   12,-

Malunat, Bernd M.
Weltnatur und Staatenwelt
Gefahren unter dem Gesetz der Ökonomie
ISBN 3-7201-5213-8   14,-

Meissner, Boris
Sowjetische Kurskorrekturen
Breshnew und seine Erben
ISBN 3-7201-5168-9   14,-

Mensing, Wilhelm
Nehmen oder Annehmen
Die verbotene KPD auf der Suche
nach politischer Teilhabe (Bd. 1)
ISBN 3-7201-5220-0   14,-

Mensing, Wilhelm
**Wir wollen unsere Kommunisten
wieder haben . . .**
Demokratische Starthilfen für
die Gründung der DKP (Bd. 2)
ISBN 3-7201-5221-9   14,-

Oberreuter, Heinrich
Übermacht der Medien
Erstickt die demokratische Kommunikation?
ISBN 3-7201-5144-1   14,-

Oberreuter, Heinrich
**Parteien — zwischen Nestwärme
und Funktionskälte**
ISBN 3-7201-5165-4   14,-

Oberreuter, Heinrich
Stimmungsdemokratie
Strömungen im politischen Bewußtsein
ISBN 3-7201-5205-7   14,-

Wirtschaft

Gesellschaft

Baier, Horst
Ehrlichkeit im Sozialstaat
Gesundheit zwischen Medizin und Manipulation
ISBN 3-7201-5207-3 14,-

Burens, Peter-Claus
Stifter als Anstifter
Vom Nutzen privater Initiativen
ISBN 3-7201-5200-6 14,-

Fisch, Mascha M.
Zwischen Abenteuer und Frust
Frauen in ungewöhnlichen Berufen
ISBN 3-7201-5173-5 14,-

Grupe, Ommo
Sport als Kultur
ISBN 3-7201-5198-0 14,-

Haag, Herbert
Bewegungskultur und Freizeit
Vom Grundbedürfnis nach Sport und Spiel
ISBN 3-7201-5188-3 14,-

Hammer, Felix
Antike Lebensregeln — neu bedacht
ISBN 3-7201-5224-3 14,-

Hellmer, Joachim
Verdirbt die Gesellschaft?
Kriminalität als zwischenmenschliches Verhalten
ISBN 3-7201-5132-8 14,-

Höfer, Max A.
Zwischen Lustprinzip und Ökoaskese
Aufbruch in eine konservative Neuzeit?
ISBN 3-7201-5203-0 14,-

Höhler, Gertrud
Gesinnungskonkurrenz der Intellektuellen
ISBN 3-7201-5106-9 12,-

Hölder, Egon
Durchblick ohne Einblick
Die amtliche Statistik zwischen Datennot
und Datenschutz
ISBN 3-7201-5179-4 14,-

Hofstätter, Peter R.
Bedingungen der Zufriedenheit
ISBN 3-7201-5192-1 14,-

Huter, Alois
**Zur Ausbreitung von Vergnügung
und Belehrung**
Fernsehen als Kulturwirklichkeit
ISBN 3-7201-5211-1 14,-

Klages, Helmut
Wertedynamik
Über die Wandelbarkeit des Selbstverständlichen
ISBN 3-7201-5212-X 14,-

Klose, Werner
Stafetten-Wechsel
Fünf Generationen formen unsere Welt
ISBN 3-7201-5160-3 14,-

Lehr, Ursula
Ist Frauenarbeit schädlich?
Im Spannungsfeld von Familie und Beruf
ISBN 3-7201-5116-6 12,-

Lenk, Hans
Eigenleistung
Plädoyer für eine positive Leistungskultur
ISBN 3-7201-5164-6 14,-

Lenk, Hans
Die achte Kunst
Leistungssport — Breitensport
ISBN 3-7201-5176-X 14,-

Lenk, H./Pilz, G.
Das Prinzip Fairneß
ISBN 3-7201-5222-7 14,-

Leuenberger, Theodor
**Lebenskonzepte: Brauchen wir
veränderte Leitbilder?**
ISBN 3-7201-5139-5 12,-

Lindner, Roland, Hrsg.
Verspielen wir die Zukunft?
Gespräche über Technik und Glück
ISBN 3-7201-5150-6 14,-

Lübbe, Hermann
Zwischen Trend und Tradition
Überfordert uns die Gegenwart?
ISBN 3-7201-5136-0 14,-

Mast, Claudia
Aufbruch ins Paradies?
Die Alternativbewegung und ihre Fragen
an die Gesellschaft
ISBN 3-7201-5124-7 12,-

Mast, Claudia
Zwischen Knopf und Kabel
Kommunikationstechnik für Wirtschaft
und Feierabend
ISBN 3-7201-5161-1 14,-

Meier-Bergfeld, Peter
Staats(ver)diener
Der öffentliche Dienst
ISBN 3-7201-5166-2 14,-

Meves, Christa
Werden wir ein Volk von Neurotikern?
Antrieb — Charakter — Erziehung
ISBN 3-7201-5081-X 14,-

Noelle-Neumann, Elisabeth
Werden wir alle Proletarier?
Wertewandel in unserer Gesellschaft
ISBN 3-7201-5102-6   12,-

Noelle-Neumann, Elisabeth
Eine demoskopische Deutschstunde
ISBN 3-7201-5155-7   14,-

Noelle-Neumann, Elisabeth/
Maier-Leibnitz, Heinz
Zweifel am Verstand
Das Irrationale als die neue Moral
ISBN 3-7201-5202-2   14,-

Piel, Edgar
Im Geflecht der kleinen Netze
Vom deutschen Rückzug ins Private
ISBN 3-7201-5197-2   14,-

Pourroy, Gustav Adolf
Das Prinzip Intrige
Über die gesellschaftliche Funktion eines Übels
ISBN 3-7201-5194-8   14,-

Roegele, Otto B.
Neugier als Laster und Tugend
ISBN 3-7201-5142-5   14,-

Schmitz-Moormann, Karl
Menschenwürde
Anspruch und Wirklichkeit
ISBN 3-7201-5117-4   12,-

Silbermann, Alphons
Der ungeliebte Jude
Zur Soziologie des Antisemitismus
ISBN 3-7201-5134-4   12,-

Silbermann, Alphons
Was ist jüdischer Geist?
Zur Identität der Juden
ISBN 3-7201-5167-0   14,-

Spann, Wolfgang
Justitia und die Ärzte
Leben, Gesundheit und Gesetz
ISBN 3-7201-5115-8   12,-

Usbeck, Ilse
Studenten-Muffel
Ratschläge für den Umgang mit einer
traurigen Generation
ISBN 3-7201-5153-0   14,-

Wilhelm, Theodor
Die Rede vom Partner
Über soziale Einstellungen der Zukunft
ISBN 3-7201-5129-8   12,-

Wingen, Max
Nichteheliche Lebensgemeinschaften
Formen — Motive — Folgen
ISBN 3-7201-5171-9   14,-

Wulffen, Barbara von
Zwischen Glück und Getto
Familie im Widerspruch zum Zeitgeist?
ISBN 3-7201-5128-X   14,-

Kultur/Bildung

Claus, Jürgen
Umweltkunst
Aufbruch in neue Wirklichkeiten
ISBN 3-7201-5151-4   14,-

Claus, Jürgen
Das elektronische Bauhaus
Gestaltung mit Umwelt
ISBN 3-7201-5204-9   14,-

Mensing, Wilhelm
Maulwürfe im Kulturbeet
DKP-Einfluß in Presse, Literatur und Kunst
ISBN 3-7201-5156-5   14,-

Nipperdey, Thomas, Hrsg.
Hochschulen zwischen Politik und Wahrheit
Sind die Reformen zu verkraften?
ISBN 3-7201-5140-9   12,-

Piel, Edgar
Wenn Dichter lügen . . .
Literatur als Menschenforschung
ISBN 3-7201-5208-1   14,-

Reuhl, Günter
Kulturgemeinschaften
Vom Kräfteverhältnis zwischen
Ideen und Institutionen
ISBN 3-7201-5217-0   14,-

Roellecke, Gerd
Wird das Falsche falsch studiert?
Vom Hintersinn der Studienreform
ISBN 3-7201-5118-2   12,-

Ross, Werner
Mit der linken Hand geschrieben . . .
Der deutsche Literaturbetrieb
ISBN 3-7201-5170-0   14,-

Rüegg, Walter, Hrsg.
Konkurrenz der Kopfarbeiter
Universitäten können besser sein:
Ein internationaler Vergleich
ISBN 3-7201-5182-4 14,-

Schult, Gerhard
Medienmanager oder Meinungsmacher?
Vom Verwalten zum Stimulieren
Das Beispiel: öffentlich-rechtlicher Rundfunk
ISBN 3-7201-5209-X 14,-

Seel, Wolfgang
Das anstrengende Vorbild
Japan — vom Kindergarten
bis zur Industrieforschung
ISBN 3-7201-5159-X 14,-

Seel, Wolfgang
Bildungs-Egoismus
Alle wollen mehr
ISBN 3-7201-5180-8 14,-

Zec, Peter
Informationsdesign
Die organisierte Kommunikation
ISBN 3-7201-5210-3 14,-

Natur/Umwelt

Eberlein, Gerald L.
Maximierung der Erkenntnisse ohne sozialen Sinn?
Für eine wertbewußte Wissenschaft
ISBN 3-7201-5206-5 14,-

Hammer, Felix
Selbstzensur für Forscher?
Schwerpunkte einer Wissenschaftsethik
ISBN 3-7201-5162-X 14,-

Illies, Joachim
Schöpfung oder Evolution
Ein Naturwissenschaftler
zur Menschwerdung
ISBN 3-7201-5121-2 12,-

Illies, Joachim
Theologie der Sexualität
Die zweifache Herkunft der Liebe
ISBN 3-7201-5135-2 14,-

Langguth, Susanne
Food und Fakten
Wie sicher sind unsere Lebensmittel?
ISBN 3-7201-5189-1 14,-

Lindner, Roland, Hrsg.
Einfallsreiche Vernunft
Kreativ durch Wissen oder Gefühl?
ISBN 3-7201-5223-5 14,-

Maier-Leibnitz, Heinz
An der Grenze zum Neuen
Rollenverteilung zwischen Forschern und
Politikern in der Gesellschaft
ISBN 3-7201-5090-9 9,-

Maier-Leibnitz, Heinz
Der geteilte Plato
Ein Atomphysiker zum Streit
um den Fortschritt
ISBN 3-7201-5138-7 14,-

Maier-Leibnitz, Heinz
Lernschock Tschernobyl
ISBN 3-7201-5191-3 14,-

Mayrhofer, Franz
Warum sind alle unzufrieden?
Massenmensch und Gleichgewicht
ISBN 3-7201-5130-1 12,-

Rühl, Walter
Energiefaktor Erdöl
In 250 Millionen Jahren entstanden —
nach 250 Jahren verbraucht?
ISBN 3-7201-5216-2 14,-

Schmied, Gerhard
Religion — eine List der Gene?
Soziobiologie contra Schöpfung
ISBN 3-7201-5219-7 14,-

Wulffen, Barbara von
Lichtwende
Vorsorglicher Nachruf auf die Natur
ISBN 3-7201-5178-6 14,-

Die Reihe wird fortgesetzt. Fordern Sie Informationsmaterial an.

Verlag A. Fromm, Postfach 19 48, D — 4500 Osnabrück
Edition Interfrom, Postfach 50 05, CH — 8022 Zürich